乳业

江湖

何时春暖花开

史上最严乳粉新政
国产奶粉还是洋奶粉？
强强联合还是三足鼎立？
并购整合之殇
濒临死亡还是重获新生的转型之星？
实体经济需振兴
乳企的海外并购之旅

毛文娟 编著

知识产权出版社
全国百佳图书出版单位

图书在版编目（CIP）数据

乳业江湖，何时春暖花开/毛文娟编著. —北京：知识产权出版社，2017.6
ISBN 978-7-5130-4939-9

Ⅰ.①乳… Ⅱ.①毛… Ⅲ.①乳品工业—企业并购—研究—中国 Ⅳ.①F426.82

中国版本图书馆 CIP 数据核字（2017）第 107468 号

责任编辑：刘雅溪　　　　　　　　　　责任出版：刘译文
封面设计：臧　磊

乳业江湖，何时春暖花开

毛文娟　编著

出版发行：	知识产权出版社 有限责任公司	网　址：	http://www.ipph.cn
社　址：	北京市海淀区气象路50号院	邮　编：	100081
责编电话：	010-82000860 转 8128	责编邮箱：	372584534@qq.com
发行电话：	010-82000860 转 8101/8102	发行传真：	010-82000893/82005070/82000270
印　刷：	三河市国英印务有限公司	经　销：	各大网上书店、新华书店及相关专业书店
开　本：	787mm×1092mm 1/16	印　张：	13.75
版　次：	2017年6月第1版	印　次：	2017年6月第1次印刷
字　数：	250 千字	定　价：	42.00 元
ISBN 978-7-5130-4939-9			

出版权专有　侵权必究
如有印装质量问题，本社负责调换。

前　言

本书是在2013年国家监管部门出台一系列关于提高婴幼儿配方乳粉质量水平的相关政策背景下酝酿创作的。

2008年三聚氰胺"毒奶粉"事件之后，中国婴幼儿配方乳粉行业内忧外患，备受关注。虽经历了行业整顿洗牌，却仍深陷信任危机，未能完全重塑消费者信心。与此同时，中国已成为全球最大婴幼儿配方乳粉消费国。巨大的市场空间意味着谁掌控了中国市场，谁就可能掌控未来的全球乳粉市场。国外资本纷纷抢滩中国乳粉市场，从上游奶源基地到下游销售渠道进行全方位产业链战略布局。一方面，进口乳粉长驱直入，国内消费者对国产品牌缺乏信心，纷纷抢购洋品牌乳粉，使得国内乳企苦不堪言；另一方面，国际原奶价格大幅下跌带来奶源供应增量，国内乳企大量进口质优价廉的国际原奶，导致国内奶农杀牛倒奶，冲击上游奶牛养殖业。市场的剧烈波动进一步凸显了行业的脆弱性，暴露了民族乳业缺乏独立性，揭示了上下游产业矛盾和产业利益分配失衡的严重性。2017年1月24日，习总书记考察张家口旗帜婴儿乳品股份有限公司时说到，"让祖国的下一代喝上好奶粉，我一直很重视"，强调国产品牌乳粉要在市场中起主导作用。

2013年6月4日，工信部印发《提高乳粉质量水平　提振社会消费信心行动方案》。6月16日，国家食药监总局等九部委联合发布《关于进一步加强婴幼儿配方乳粉质量安全工作的意见》，要求企业自建自控奶源基地以确保奶源质量。2014年6月6日，工信部、发改委、财政部、食药监总局联合发布《推动婴幼儿配方乳粉企业兼并重组工作方案》，鼓励企业兼并重组，整合上下游优势资源，培育大型企业集团，提高行业集中度，促进行业健康发展。受国家政策驱动和市场竞争冲击，我国婴幼儿配方乳粉市场并购浪潮风起云涌。并购是一种重要的企业成长战略，可以促进资源优化配置；降低交易费用，实现规模经济和范围经济；提高市场份额，形成市场势力；产生协同效应，重构竞争能力，提高公司价值。

本书收录了十大典型案例，分别讲述了乳企兼并重组、分分合合、涅槃重生的跌宕起伏的故事。案例以婴幼儿配方乳粉质量安全问题为切入点，由点及面，以小见大，以故事叙述的手法聚焦各知名乳企的热门事件，完整描述了案例企业的发展历程，生动形象地交代事件发生的时代背景和重要节点。通过收集整理大量的媒体报道、企业网站、学术文献等二手资料，跟踪事件的最新进展，深度解析事件发生的原因、过程及其产生的影响，希望为企业管理层的经营决策提供参考，重塑消费者对国产品牌乳粉的信心，营造健康有序的婴幼儿乳粉市场环境。

第一章雅士利上演被蒙牛并购和并购多美滋的故事，形成了以雅士利为中心的并购链条，蒙牛如何做好并购后的资源整合，雅士利如何衔接，多美滋花开何时，值得我们共同期待。

第二章现代牧业"归根"蒙牛，描述了现代牧业与蒙牛之间分分合合的"恋爱"故事，下游加工乳企并购上游奶源企业能否形成全产业链的协同效应，令人拭目以待。

第三章飞鹤乳业的"并购之殇"，讲述了乳企跑马圈地、盲目并购之后带来的整合之殇。在2014年工信部等部门联合发布《推动婴幼儿配方乳粉企业兼并重组工作方案》之后，飞鹤于短短两个月内收购了关山和艾倍特两家企业，然而一年后关山被检出质量安全问题，艾倍特被曝出产品与包装标签明示值不符的问题。飞鹤对被收购方采取的"保持独立经营"的不干涉政策，成为了乳企大肆圈地留下的"后遗症"。

第四章恒天然携手贝因美，一个是新西兰的奶源巨头，另一个是国内乳粉加工企业的领导者，两者的结合可谓是天造地设，珠联璧合，强强联合。然而，双方携手的结果却是贝因美业绩遭遇断崖式下滑。本案例详细描述了恒天然与贝因美合作的过程以及贝因美业绩下滑的原因，引导思考奶源企业与加工企业的合作能否形成强强联合，中外乳企合作能否有光明的前景。

第五章合生元，一个婴幼儿配方乳粉界的新生本土品牌，最初以"洋奶粉"身份让中国妈妈们弃土投洋、趋之若鹜,创造奶粉价格巅峰,杀出重围,一统中国乳粉江湖。然而,伴随行业市场秩序重建和婴幼儿乳粉行业反垄断调查,它被处罚、被质疑,业绩增长遭遇天花板,甚至或将沦为被收购的对象。之后,合生元在"健康中国"的国家战略引导下,另辟蹊径转型保健品行业,成功走出了一条"重获新生"的转型之路。

第六章乳企巨头伊利被阳光人寿保险举牌。股权结构分散的伊利遭遇险资举牌,提醒像乳企这样关系国计民生、健康安全的实体经济要时刻警惕金融资本长驱直入,这些对资本冲击抵御能力较弱的民生行业也应该做好风险防范、保持健康发展,建立"防火墙",通过合理机制引导资本服务于实体经济。

第七章光明乳业是我国率先开始"海外并购之旅"、参与全球资源整合的代表性乳企。自2010年以来,光明乳业的控股集团——光明食品集团成功实施了七次海外并购,光明乳业也开展了三次海外收购事件,其中两次成功一次失败,我们试图探寻光明乳业为何始终将收购目标锁定在海外,三次海外收购为何有着不同的结果。

第八章辉山乳业"硫氰酸钠"罗生门事件将辉山乳业和中国乳业再次推向风口浪尖。面对众多媒体和消费者的质疑,辉山乳业声明,产品绝无添加硫氰酸钠并出具了第三方检测结果为合格的报告,而此前发布安全警示的河北省食品药品监督管理局却一直保持沉默。一方是"多年安全无事故"的民族食品企业,一方是承担食品安全监管职责的地方食药监局,究竟是企业道德缺失还是政府监管失误,双方各执一词。监管部门、乳企和媒体,应该要做的是各尽其责,与消费者一起共同构建社会共治的良好局面。

第九章上海假奶粉事件,讲述了雅培、贝因美等婴幼儿配方乳粉知名品牌相继被不良分子仿造的事件,描绘了案件调查过程中政府部门与两大知名企业之间互动发声和事件的来龙去脉,探讨了事件对雅培、贝因美带来的影响,并引导思考乳粉行业如何重塑消费者信心,政府、企业、媒体和消费者如何携手共治共筑健康的行业秩序。

第十章辉山乳业再次遭遇"黑天鹅"事件,虽然辉山倡导的自营牧场与全产业链运营模式在国内取得了骄人的业绩,然而美国做空机构浑水指责辉山造假以及辉山出现资金短缺，让辉山遭遇了前所未有的危机。本案例描述了辉山"黑天鹅"事件的来龙去脉，试图解析事件的成因，分析辉山、地方政府、债权人和金融机构等利益相关方的应对措施及事件产生的影响。

我们希望通过本书的出版为婴幼儿配方乳粉行业的监管者和从业者认清行业现状，理解企业行为，提供有益参考，增强消费者对国产品牌奶粉的信心，并为对该领域研究有兴趣的学者提供有价值的参考资料。

全书由毛文娟负责统编撰写，并组织了研究生和实验班学生共同收集整理和分析案例资料。十个案例的具体分工如下，第一章杨秀旗、崔梦琳，第二章张楠、刘玉珍，第三章杨秀旗、苏晗，第四章张丽贤，第五章林瑜婷、杨秀旗，第六章王俊俊、王爽，第七章马森、王爽，第八章王爽，第九章张丽贤、刘杰，第十章王爽、王家俊。

本书的出版得到了教育部人文社会科学研究一般项目青年基金（15YJC790075）、天津科技大学"十三五综投"青年学术团队基金、天津市宣传文化"五个一批"人才基金的资助和支持，感谢天津科技大学食品安全战略与管理研究中心和经济与管理学院的工作支持，衷心感谢路福平副校长、乔洁教授、王艳萍教授、华欣院长、杜海燕书记等对本书出版的支持，衷心感谢中国农业大学安玉发教授、中国人民大学王志刚教授、北京工商大学冯中越教授和周清杰教授、天津科技大学生物工程学院贾士儒教授和食品工程与生物技术学院赵征教授的指导和帮助，衷心感谢食品伙伴网杨雪副总的合作与支持，衷心感谢何柳、杨芳、仇淑平、王仙雅、纪巍、任立肖、代文彬等青年学术团队成员们的合作与支持，衷心感谢导师魏大鹏教授一直以来的支持和指导，感谢在我繁忙的工作背后默默支持我的家人，感谢每天陪伴我共同奋斗的研究生团队小伙伴们。书中观点完全是作者本人的思想表达，并不代表任何组织，文责自负。由于受到各种因素限制，书中的缺点、不足之处在所难免，恳请广大读者批评指正。

毛文娟
2017 年 5 月

目 录

第一章 雅士利：上演行业被并购与并购 / 1

引 言 / 3

1 演员介绍 / 3

    1.1 领衔主演：雅士利 / 3

    1.2 主演：蒙牛 / 4

    1.3 主演：多美滋中国 / 5

    1.4 友情出演：达能 / 6

2 大戏开幕，粉墨登场 / 6

    2.1 雅士利：负面缠身，深受其害 / 6

    2.2 蒙牛：金主救急，自有算盘 / 8

    2.3 你情我愿，一拍即合 / 11

    2.4 强强联合，未见星火燎原 / 13

3 友情客串，幕后赢家 / 16

    3.1 多美滋：渠道不振，重创难复 / 16

    3.2 达能：蛰伏多年，伺机"弃子" / 18

    3.3 雅士利：负重之下，华丽变身 / 20

    3.4 四方会谈，尘埃落定 / 21

    3.5 三足鼎立？三权分立？ / 24

4 尾声：雅士利"掌舵"，行至何方？ / 24

第二章 现代牧业"归根"蒙牛？ / 29

引 言 / 31

1 "恋爱双方"出场 / 31
    1.1 国内"万头牧场"的鼻祖——现代牧业 / 31
    1.2 蒙牛的并购历程 / 32

2 "神仙眷侣合—分—合" / 33
    2.1 "神仙眷侣"的"美好时光" / 33
    2.2 "神仙眷侣闹分手" / 35
    2.3 蒙牛强势与现代牧业"领证" / 36

3 领证的"缘由" / 36
    3.1 蒙牛与现代牧业"强势"领证的原因 / 36
    3.2 现代牧业"被领证"的感受 / 39

4 "领证"对双方的影响 / 39
    4.1 对现代牧业的影响 / 39
    4.2 对蒙牛的影响 / 42

5 "领证"后的"婚姻"管理 / 43
    5.1 初领证的"磨合" / 43
    5.2 两夫妻相爱相杀 / 43
    5.3 一日夫妻百日恩,蒙牛伸出援手 / 44
    5.4 现代牧业落叶归根蒙牛 / 45

6 尾声 / 46

第三章 飞鹤乳业:并购之殇 / 49

引 言 / 51

1 飞鹤关山结姻缘,牛羊并举成佳话 / 51
    1.1 东北鹤:飞鹤乳业 / 51
    1.2 西北羊:关山乳业 / 52
    1.3 飞鹤关山结姻缘 / 53
    1.4 "东北鹤"为何恋上"西北羊"? / 53

2 西北羊惹祸上身,东北鹤难辞其咎 / 56

3 事件频出看背后,飞鹤整合引思考 / 57
    3.1 当初独立为哪般 / 58

3.2　而今独立难应愿　/59

　　3.3　未来独立恐难行　/60

4　尾声：东北鹤、西北羊情归何处？　/61

5　事件最新进展：私有化4年后飞鹤重启IPO　/62

第四章　恒天然携手贝因美："强强联合"成"抱团取暖"？　/63

引　言　/65

1　战略入股双方主体介绍　/65

　　1.1　贝因美的发展历程　/65

　　1.2　事件前贝因美的股权结构　/67

　　1.3　恒天然集团的发展历程　/68

2　恒天然贝因美合作过程　/69

　　2.1　恢复单身：恒天然惨遭离异，苦觅良友（1970—2013年年底）　/70

　　2.2　青睐有加：贝因美如此多娇，引恒天然尽折腰（2008—2014年1月）　/71

　　2.3　顺利订婚：恒贝亲密接触，贝因美似力不从心（2014年1月—2014年9月）　/73

　　2.4　终成眷属：强强联合成抱团取暖？（2014年9月—2015年4月）　/75

　　2.5　婚后生活：虽相互扶持，但仍坎坷依旧　/82

3　尾声　/87

第五章　合生元："濒临死亡"的假洋奶粉还是"重获新生"的转型之星？　/89

引　言　/91

1　吾家有儿初长成　/91

　　1.1　罗飞——合生元之父　/91

　　1.2　合生元——小儿成长记　/92

2　一朝错卧麻烦侧　/93

2.1 第一次麻烦——身份门 / 93
         2.2 第二次麻烦——反垄断调查门 / 97
    3 收拾山河再从头 / 101
         3.1 自降身份并乳企，名正言顺做本土 / 102
         3.2 新秀出台应政策，业绩破表恐难觅 / 103
         3.3 视野独到并外企，再穿新衣走新路 / 104
         3.4 初尝甜头喜兴奋，全面并购势必行 / 106
         3.5 战略转型获成功，企业更名定"健合" / 106
    4 人是物非笑春风 / 107
    5 尾声：中国乳业，明天去哪儿 / 108

第六章 险资举牌，阳光"照进"伊利 / 111

引 言 / 113
1 双方简介 / 113
     1.1 乳企巨头伊利及发展历程 / 113
     1.2 伊利股权结构 / 114
     1.3 阳光保险组成及发展历程 / 115
2 乳业龙头遭遇多事之秋 / 116
     2.1 险资高调举牌伊利 / 116
     2.2 阳光布局伊利路径 / 117
     2.3 宝万剧情再上演？ / 117
     2.4 举牌动机引猜测 / 118
3 阳光伊利频交手——举牌潮加剧 / 119
     3.1 阳光第一招：示好不夺权 / 119
     3.2 伊利见招拆招第一招：停牌求万全 / 120
     3.3 阳光第二招：险资喊冤求放过 / 121
     3.4 伊利见招拆招第二招：联姻圣牧化危机 / 121
4 舆论发酵，双方各执一词 / 123
     4.1 多方力挺伊利：中国乳业经不起折腾 / 123
     4.2 各界为险资正名：警惕道德绑架 / 123

  5 险资频频举牌，各中原因竟为何 / 124

    5.1 保费迅增，急需渠道 / 124

    5.2 股市波动，政策引导 / 125

    5.3 市场受限，保产增值 / 125

  6 险资举牌或退潮 / 125

    6.1 实体经济需振兴，险资入侵遭处罚 / 125

    6.2 保监会重拳出击 / 126

  7 尾声：思考与启示 / 127

第七章 光明乳业：海外并购之旅 / 129

  引 言 / 131

  1 光明的诞生与发展 / 131

  2 集团混业并购：打造综合食品王国 / 133

  3 为何频频出海？ / 135

    3.1 构想宏伟蓝图，顺势而为 / 135

    3.2 争取优质奶源，提高信誉 / 136

    3.3 商场如战场，不进则退 / 137

  4 海外征程 / 137

    4.1 血气方刚：闪电并购新莱特 / 137

    4.2 铩羽而归：痛失优诺 / 138

    4.3 王者归来：联姻特鲁瓦 / 140

  5 乳市"三国争霸"时代要来了吗？ / 141

  6 尾声 / 142

第八章 辉山乳业："硫氰酸钠"罗生门事件 / 145

  引 言 / 147

  1 暴风雨前的宁静：辛勤耕耘 品质如山 / 147

    1.1 从源头做起：潜心打造全产业链 / 147

    1.2 整装待发：进军婴幼儿配方乳粉领域 / 148

    1.3 东北霸主：雄心勃勃，放眼全国 / 148

        1.4 海外结盟：携手荷兰皇家菲仕兰 / 149
    2 严格监管：政府出手力挽狂澜 / 151
    3 晴天霹雳：措手不及的"毒奶门" / 153
        3.1 风波乍现 / 153
        3.2 "惊雷一声平地起" / 153
        3.3 乌云密布，危机四伏 / 154
    4 一场"罗生门"大戏：政企都有理 / 155
        4.1 针锋对麦芒：辉山声明"不服" / 155
        4.2 事件升级：冀、辽食药监局"互掐" / 157
        4.3 剧情反转：政府"戏剧表态" / 158
        4.4 波及整个乳业：一损俱损？ / 160
    5 危机过后的反思 / 162
    6 尾声 / 163

第九章 上海假奶粉事件——假奶粉触发真痛点 / 169

    引 言 / 171
    1 主角上场：两大品牌 / 171
        1.1 贝因美 / 171
        1.2 雅培 / 173
    2 经典重现："狸猫换太子" / 174
    3 明智断案，政企发声 / 176
        3.1 警方介入，真凶浮现 / 176
        3.2 告知民众，雅培卷入 / 177
        3.3 猝不及防，贝因美卷入 / 178
        3.4 直面民众，平息舆论 / 179
    4 案件告捷，"后遗症"显现 / 181
        4.1 贝因美：业绩承压，断崖式巨亏 / 181
        4.2 雅培：损失巨大，竭力平衡 / 183
        4.3 同受委屈，结果迥异 / 185
    5 未抚平民心，消费者仍持疑虑 / 185

  5.1 真假奶粉如何辨识，怎么保证买到真奶粉？ / 185
  5.2 奶粉造假事件频发，此次事件是否只是冰山一角？ / 186
6 风波后的思考：政企民齐心协力，净化明天 / 186
  6.1 "假"从何而来 / 186
  6.2 政府：质监不能失位，监管漏洞需完善 / 187
  6.3 企业：提高技术，严防被仿 / 187
  6.4 消费者：谨慎消费，多方检测 / 188
7 事件最新进展：上海假奶粉事件开庭审理 / 189

第十章 东北乳企龙头辉山遭遇"黑天鹅" / 191

1 深耕东北，布局全国 / 193
2 黑云压城，风雨欲来：大战浑水 / 194
  2.1 第一回合：自营牧场遭质疑 / 194
  2.2 接踵而至：浑水再度出击 / 195
3 危机袭来，措手不及 / 196
  3.1 股市暴跌 / 196
  3.2 离奇崩盘，众说纷纭 / 197
  3.3 债台高筑，殃及池鱼 / 197
  3.4 祸不单行，港交所勒令停牌 / 199
  3.5 内外交困，资产冻结，高管离职 / 200
  3.6 负重之下的融资手段 / 200
4 虎落平阳，辉山何去何从 / 201
  4.1 困境挣扎，政府出面 / 201
  4.2 谁会是接盘者 / 202
  4.3 一线生机，源于消费者的信任 / 202
5 尾声 / 203

第一章 雅士利：上演行业被并购与并购

摘　要：雅士利，一个受负面新闻和上市亏损拖累的企业，被蒙牛并购，沦落到被并购方的席位上并不让人感到奇怪，但如果它继续并购同样性质的亏损企业多美滋就不免让人吃惊了。在没能给蒙牛带来财务惊喜的同时，雅士利却并购了连续亏损的多美滋，其目的是为了在国内乳企大洗牌的背景下大肆圈地拓宽疆土吗？而现在，以雅士利为中心形成的并购链条已一目了然，蒙牛在负重雅士利、多美滋这两大业绩下行企业的情况下应该如何进行并购后的资源整合，雅士利又是否能够很好地发挥中间桥梁作用，协同多美滋为蒙牛开创更广阔的奶粉市场，值得期待。本案例在分析雅士利被并购和并购的动因以及整个并购事件经过的基础上，研究了当前国内乳企在国家新政出台的背景下不断兼并重组的现象，同时引导思考乳企并购后如何进行最重要的整合工作。

关键词：雅士利；蒙牛；多美滋；被并购；并购；资源整合

引 言

雅士利创始人张利钿是广东潮汕人，潮汕人特有的精细思想使他恪守"以质量求生存，以信誉求发展"的企业经营准则，但问题往往也出在其一贯坚持的原则上。2008年三聚氰胺"毒奶粉"事件爆发，国家质检总局公布检出三聚氰胺的22家乳制品企业名单，其中雅士利榜上有名。此后雅士利深陷"回溶粉"事件、问题奶粉去向事件、施恩品牌"假洋奶粉"事件，打击之下的雅士利业绩连续下滑，急需金主救援。而在2013年6月18日，工信部召集127家婴幼儿配方乳粉企业开会，讨论《提高乳粉质量水平 提振社会消费信心行动方案》细则，要求引导婴幼儿配方奶粉优势企业实施强强联合、兼并重组，提高产业集中度。于是蒙牛瞄准眼下的政策伺机而动，于同年11月11日并购此时正深陷困境的雅士利。本是你情我愿、皆大欢喜的结合，不曾想接下来的两年雅士利却成为蒙牛退出"500亿俱乐部"的"拖油瓶"。而雅士利为了弥补这一过失，同时也想趁着政策的东风扩张自己的地盘，便和蒙牛商量在2015年12月1日全资并购了多美滋。至此，业绩连续下滑的雅士利在3年内实现了从被并购方到并购方的身份转变。这种身份的转变，个中原因值得我们深究，让我们一起走进围绕在雅士利周围的乳企圈地风波。

1 演员介绍

1.1 领衔主演：雅士利

雅士利集团创建于1983年，原名"爱群食品厂"，专门生产休闲食品。1995年开始生产营养食品，"正味麦片"成为许多人儿时的回忆。1996年起开始生产奶粉，1998年正式成立雅士利股份有限公司，2002年成立施恩婴幼儿营养品有限公司。其成长历程详见表1。

表 1　雅士利大事记

1983 年	雅士利集团创建
1998 年	正式成立雅士利股份有限公司，雅士利婴幼儿奶粉面市
2002 年	雅士利成立施恩婴幼儿营养品有限公司，推出施恩奶粉品牌
2008 年	国家质检总局公布检出三聚氰胺的 22 家乳制品企业名单，雅士利未能幸免
2009 年	雅士利深陷施恩奶粉"假洋鬼子"事件
2010 年	9 月，山西雅士利乳业被指在奶粉中添加回溶粉，三聚氰胺问题奶粉流向引发调查
	11 月，雅士利国际控股有限公司（HK01230）在香港联合交易所主板成功挂牌
2013 年	蒙牛乳业向雅士利国际进行投资整合，成为雅士利国际第一大股东
	正式投资 11 亿元人民币在新西兰建立雅士利新西兰乳业有限公司
2014 年	蒙牛、达能、雅士利联合签署股份认购协议，达能成为雅士利第二大股东
2015 年	雅士利新西兰工厂盛大开业
2016 年	雅士利新西兰工厂生产的首批幼儿配方奶粉登陆新西兰市场
	雅士利新西兰原罐进口产品活力上市，正式走向中国市场
	蒙牛旗下的雅士利集团全资并购多美滋中国

1.2　主演：蒙牛

蒙牛乳业（集团）股份有限公司始建于 1999 年 8 月，总部设在内蒙古和林格尔县盛乐经济园区，2004 年在香港上市（股票代码：2319HK）。蒙牛是中国领先乳制品供应商，连续 8 年位列世界乳业 20 强。蒙牛成立 16 年来，已形成了拥有液态奶、冰淇淋、奶粉、奶酪等多品类的产品矩阵系列，拥有特仑苏、纯甄、优益 C、未来星、冠益乳、酸酸乳等品牌产品。蒙牛致力"以消费者为中心，成为创新引领的百年营养健康食品公司"，并将"专注营养健康，每一天每一刻为更多人带来点滴幸福"作为自己的使命。其成长历程详见表 2。

表 2　蒙牛并购大事记

1999 年	内蒙古蒙牛乳业（集团）股份有限公司（简称蒙牛乳业集团）成立
2004 年	蒙牛乳业正式于香港联交所主板上市（股票代码：2319 HK），成为第一家在香港上市的中国大陆乳制品企业
2009 年	中国最大的粮油食品企业中粮集团入股蒙牛，成为蒙牛第一大股东
2010 年	蒙牛集团投资 4.692 亿元人民币持有君乐宝公司 51% 的股权，成为其第一大股东

续表

2011 年	中粮集团花费近 36 亿港元购入蒙牛 1.42 亿股份,使其持股比例升至 28.04%,继续巩固最大股东地位
2012 年	欧洲乳业巨头 Arla Foods(中文名"爱氏晨曦")以 22 亿港元入股蒙牛,持股约 5.9%,成为继中粮之后的蒙牛第二大战略股东
2013 年	蒙牛乳业向雅士利国际进行投资整合,成为雅士利国际第一大股东
	蒙牛乳业宣布投入 32 亿港元增持现代牧业股份,成其最大单一股东
2014 年	蒙牛与北美食品巨头 White Wave Foods 建立合资企业,蒙牛乳业与其分别持有 51% 及 49% 的股份
	蒙牛向达能定向增发,达能投入 51.53 亿港元,成为蒙牛第二大股东

1.3 主演:多美滋中国

多美滋品牌首创于 1946 年,原属荷兰皇家纽密科集团,在法国达能 (Danone) 并购荷兰皇家纽密科集团后,多美滋成为达能集团旗下品牌之一。1992 年 8 月,多美滋中国在上海浦东金桥出口加工区正式注册。多美滋中国的第一批产品于 1995 年 5 月下线,推出多美滋婴幼儿(0~6 岁)系列配方奶粉。多年来,多美滋中国以其国际品质和配方以及贴心关爱的服务赢得了消费者的信赖,成为国内知名的专业婴幼儿食品公司。2015 年 12 月,雅士利并购多美滋中国全部股权,多美滋中国成为雅士利的间接全资附属公司,不再属于达能集团。其成长历程详见表 3。

表 3 多美滋中国大事记

1992 年	多美滋婴幼儿食品有限公司在中国上海浦东金桥出口加工区注册成立
1999—2010 年	多美滋致力于各种系列配方升级,十年发展成为国内奶粉市场份额第一
2010 年	多美滋官方旗舰店落户淘宝商城(dumex.taobao.com)
2011 年	多美滋中国实验室升级为达能集团亚太区中心实验室,和德国 CLF 实验室一起成为集团内最先进的两个实验室,分管欧洲和亚洲市场
2013 年	8 月,多美滋原料供应商恒天然原料产品检出肉毒杆菌
	9 月,央视曝光"第一口奶"事件,多美滋深陷其中
	12 月,多美滋国内奶粉市场份额跌出前十
2016 年	蒙牛乳业(2319HK)、雅士利(1230HK)与法国达能集团签订谅解备忘录,雅士利拟全资并购曾经占据国内奶粉市场份额第一的多美滋

1.4　友情出演：达能

达能集团总部位于法国巴黎，创建于 1966 年，是一家多元化跨国食品公司，集团的业务遍布六大洲，产品行销 100 多个国家。达能旗下拥有多个知名品牌，如达能、依云、多美滋、脉动、诺优能、益力、乐百氏、纽迪西亚等。达能集团是欧洲第 3 大食品集团，并列全球同类行业前 6 名。其中达能婴幼儿营养食品拥有近百年婴幼儿营养研究经验，在荷兰、英国、法国、德国、瑞士、意大利、比利时和新西兰等国占据市场领先地位。

2　大戏开幕，粉墨登场

2.1　雅士利：负面缠身，深受其害

2008 年，很多食用三鹿婴幼儿奶粉的婴儿被发现患有肾结石，随后国家在三鹿奶粉中检出化工原料三聚氰胺。同年 9 月，国家质检总局抽查的雅士利奶粉 30 批次中有 10 批次均被检出含有三聚氰胺。在这场巨大的奶粉风波中，雅士利回收不合格产品就损失了近 8 亿元，全年亏损净额达 6.15 亿元。

2009 年 5 月底，北京消费者郭某向媒体爆料称，一款生产日期为 2008 年 3 月 17 日的雅士利旗下施恩奶粉的三聚氰胺含量超过国家限量值的 100 倍。之后，广东省奶协前任理事长王丁棉爆料，施恩的奶源并非其宣传的"100% 进口奶源"。面对公众质疑，施恩品牌部负责人杨万洲承认，施恩奶粉的部分奶源来自广东雅士利公司的山西奶源基地。随后，雅士利董事长张利钿也公开承认，"施恩公司包括施恩品牌完全由华人拥有"。至此，施恩的"假洋鬼子"身份得到施恩方面的正式确认。而作为施恩品牌的直接负责人雅士利也被牵连其中，真可谓"城门失火，殃及池鱼"。

2011 年，山西雅士利工厂被媒体曝光 2008 年召回的三聚氰胺问题奶粉并没有全部销毁，而是将召回的铁罐奶粉更换包装，或在问题奶粉中添加国家明令禁止的回溶粉后再次出售。此次"回溶粉"事件也给雅士利造

成了严重的损失。

在经历"三聚氰胺"、施恩"假洋奶粉"和"回溶粉"事件后,雅士利的营业收入在2007—2012年增长平缓,表现一般,而净利润则在2008年创历史亏损最低额,之后4年的净利润增长相较2007年也只是基本持平,表现不尽如人意,不禁让人唏嘘。雅士利国际2007—2012年营业收入、净利润变化趋势见图1。

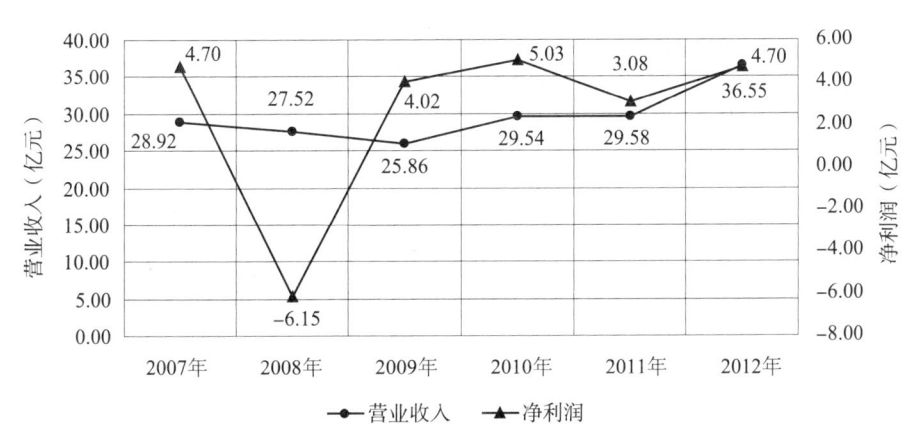

图1 雅士利国际2007—2012年营业收入、净利润变化趋势[①]

为了突破经营瓶颈,2009年9月,雅士利与美国凯雷投资集团、上海复星集团结成战略伙伴。在两大财团的支持下,2010年11月1日,雅士利国际控股有限公司在香港联合交易所主板成功挂牌上市。但令人不解的是,从11月1日挂牌起,雅士利就没有在招股价(4.2港元)以上交易过。2010年以低于3港元每股的价格凄惨收尾。2011年4月28日,雅士利的股价更是跌到2.6港元之下,此后,2港元、1.9港元、1.8港元等关口相继失守。转眼来到7月24日,雅士利发布赢利预警,称上半年净利润同比下降30%以上,原因是成本上涨及税收优惠到期。此后,雅士利的股市表现更是不尽如人意。至8月8日,雅士利收盘价已是1.27港元,对应的市盈率不到7倍,市净率不到1.3倍。雅士利股价走势(2010年11月—2011年8月)见图2。

---

① 数据来源:同花顺财经。

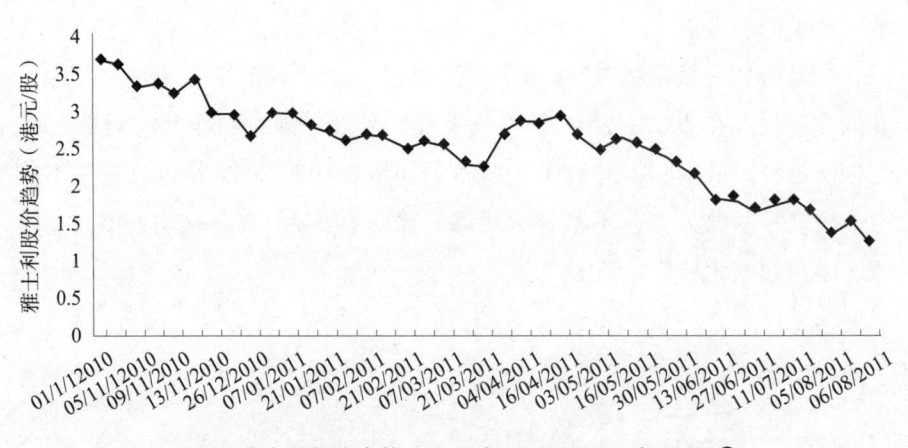

图2 雅士利股价走势（2010年11月—2011年8月）❶

不论是负面新闻让雅士利的公众形象一落千丈，还是上市总值损失巨大，二级市场上的遇冷都压得雅士利喘不过气来，它急需一个新的破局出口。

2.2 蒙牛：金主救急，自有算盘

虽然雅士利一直在寻找走出困局的办法，但是苦于自身局限性，难有起色。此时却有一位金主在一路默默地注视着雅士利的发展，恰逢其时地向其传递出了合作信号，他就是蒙牛乳业。一家大名鼎鼎的金主企业为何偏偏青睐雅士利这家发展遭遇瓶颈的企业？其实蒙牛也在打着自己的如意算盘……

2.2.1 国家新政，加速兼并

2013年6月4日，工信部出台了《提高乳粉质量水平 提振社会消费信心行动方案》（以下简称《方案》），提出开展为期3个月的婴幼儿配方乳粉企业质量安全专项检查，淘汰一批不符合国家产业政策和质量安全保障条件不达标的企业（项目）。6月18日，工信部召集127家奶粉企业开会，讨论《方案》实施细则，要求引导婴幼儿配方奶粉优势企业实施强强联合、兼并重组，提高产业集中度。工信部也明确表态，将大力推动国内

---

❶ 数据来源：端木. 雅士利深陷"低迷怪圈"[J]. 商界（评论），2011（9）：122-125.

婴幼儿配方奶粉企业的兼并重组工作，争取用2年时间形成10家左右年销售收入超过20亿元的知名品牌企业，用5年时间将现有的128家婴幼儿奶粉生产企业整合保留至大约50家。

新政出台后不久，蒙牛便积极出手，想要借着政策的东风开始名正言顺地开始圈地捕猎之旅。而此时的雅士利正是属于质量安全保障不达标的那批淘汰企业的范畴，也正好符合蒙牛捕猎的胃口。于是，雅士利便成为蒙牛的囊中之物，对此工信部表示政府鼓励类似的企业兼并重组案例。

2.2.2 填补短板，规避风险

虽然蒙牛贵为中国乳业巨头之一，液态奶市场几乎无人匹敌，但是它其实也存在软肋，那就是奶粉市场表现一直不温不火。蒙牛虽然很早就投入到国内奶粉市场的竞争中，但2005—2012年蒙牛集团年度报告显示，奶粉及其他乳制品营业收入占蒙牛总体营业收入的百分比，基本维持在1%~2%。2012年营业收入为360亿元，净利润为12.57亿元，其中，液态奶占营收比例为90.1%，冰淇淋占比为8.7%，奶粉及其他乳制品占比仅为1.2%。蒙牛乳业过于倚重液态奶高份额市场占有率所带来的营业收入，但奶粉及其他乳制品不容置疑地成为蒙牛的短板。蒙牛奶粉及其他乳制品营业收入及占总收入比重见图3。

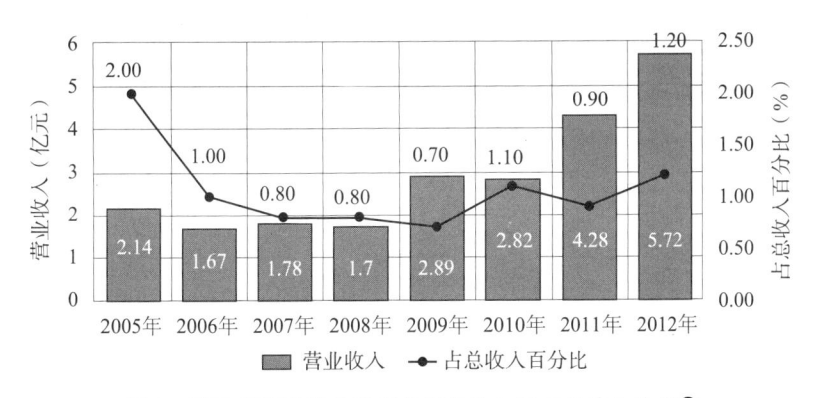

图3 蒙牛奶粉及其他乳制品营业收入及占总收入比重❶

蒙牛缺失的奶粉市场，在乳制品行业类中却是利润最高的。奶粉利润

---

❶ 数据来源：蒙牛乳业2005—2012年度报告。

高的直接原因在于高价销售，因为没有哪个国家像中国这样在同一个市场上有七八十个奶粉品牌同时存在，而中国父母一直相信"一分价钱一分货""便宜没好货"，因此同档次的品牌竞争使得奶粉价格日趋攀高。另外，中国市场特殊的分销体系也造成奶粉价格越来越高，在中国需要通过总代、分销、经销等多个环节才能到达终端零售商，这中间一层一层的运营费也被不断地加到消费者身上。高额的利润诱惑使得蒙牛开始尝试引入欧洲乳业巨头阿拉福兹公司，打造蒙牛阿拉奶粉，但是一年的奶粉销售总额也只有2亿元左右。而同为第一梯队的伊利奶粉份额却在逐渐增大。2012年，伊利奶粉及奶制品业务收入达到了44.84亿元，在总体营收中的占比超过了10%，而蒙牛的奶粉及奶制品业务收入却仅为5.72亿元，在总体营收中占比为1.2%。这种显而易见的差距使得蒙牛迫切需要缩短与伊利在奶粉业务上的差距。

而雅士利作为国内奶粉业的驰名商标，近年来业绩良好。据2012年度雅士利年报显示，其营业额为36.55亿元，同比增长23.56%，纯利4.70亿元，较上年同期增长52.6%，这就意味着并购后若能发挥横向并购的协同效应，蒙牛其他乳制品分部经营状况将有很大提升空间。通过企业并购，可以大幅度提高蒙牛的奶粉业务占比，使公司各项业务平衡发展，不仅规避了单一经营风险，还可以借助奶粉高毛利的特点，提高长期绩效。

2.2.3 降低成本，取长补短

蒙牛认为并购雅士利可以使其在全面进军奶粉行业的过程中减少成本，因为蒙牛能以远低于其重置成本的价格购买生产机械设备，同时此次并购涉及的百亿资金，已经完全可以建立两个大型工厂以及销售渠道，蒙牛可以利用较少的投资成本获得需要好几年才能形成的有利的奶粉业市场地位。由于同为竞争对手的伊利在奶粉业表现突出，奶粉及奶制品业务收入在其总体营收中占比超过10%，相比市场占有率仅有0.79%的蒙牛，伊利市场占有率已经达到了10.7%，此次并购会减轻蒙牛奶粉业在发展过程中来自竞争对手的压力。

另外，雅士利拥有一支经验丰富的管理队伍和技术熟练的劳动力队伍。蒙牛现在正是缺少奶粉业管理人才的时候，在此次并购中蒙牛将保留雅士利的独立运营平台,也将继续保留原有的团队,弥补其管理上的约束,克服技术上的困难,可以解决奶粉业管理团队缺失、管理经验不足等情况。

2.3 你情我愿,一拍即合

2013年11月11日,蒙牛乳业和雅士利国际经过长达5个月的并购谈判,最终蒙牛以110亿港元获得雅士利76.58%的股权。蒙牛并购雅士利事件时间轴见图4。

- 2013年6月13日,雅士利国际和蒙牛乳业双双在港交所发布停牌公告。之后仍然继续停牌,"以待刊发一则有关可能含有内幕消息之公告"。

- 2013年6月18日,蒙牛乳业与雅士利国际联合宣布,蒙牛乳业向雅士利所有股东发出收购要约,并获得控股股东张氏国际投资有限公司(简称"张氏国际")和第二大股东凯雷亚洲基金全资子公司CA Dairy Holdings(简称"CA Dairy")接受要约的不可撤销承诺,承诺出售合计约75.3%的股权。

- 2013年7月16日,蒙牛乳业的股东大会表决通过收购雅士利国际的议案。

- 2013年8月15日,雅士利及蒙牛联合公布,有关蒙牛提出全面收购雅士利要约已在13日下午4时整截止,蒙牛获得31.967亿股雅士利股份,占雅士利已发行股本89.82%。公告显示,完成上述转让后,雅士利的公众持股量仅为10.18%。

- 2013年11月11日,联合公告表示:蒙牛国际将持有的4.7亿股雅士利股份以每股3.5港元的价格出售。交易完成后,淡马锡及厚朴分别持有6.19%和4.98%的雅士利股份。而蒙牛对雅士利的持股量将由89.82%降至76.58%。

图4 蒙牛并购雅士利事件时间轴

对于蒙牛乳业在几个月内从并购到减持的行为,众多说法称蒙牛是为了套现。但是蒙牛并购和出售价格相同,都是每股3.5港元,仅从这一点看,说蒙牛是为了套现获利有些牵强。不过蒙牛方声称的"无奈之下做出的减持决定,减持是为了恢复雅士利的上市地位"也不足采信。因为根据港交所规定，大股东持有公司股权达到90%以上，上市公司将被私有化从而退市，而蒙牛完成对雅士利的要约并购时持股量已达到89.82%。公司必须保留雅士利的上市公司资格，而雅士利要恢复交易，公众持股量不能低于15%。规定虽然如此，但蒙牛和雅士利都是上市公司，对于股市的游戏规则应该十分清楚，在并购以前，理应知道该去规避公众持股比例等问题。所以对于蒙牛并购后减持股份的行为大家都深表疑惑。

纵观并购前后雅士利股东发生的变化，可以看出蒙牛以76.58%的持股比例成为控股股东，在保证雅士利上市地位的同时，又在雅士利有绝对话语权，这也为将来雅士利成功并购多美滋提供了保障。雅士利被并购前后股权结构变动见表4❶。

表4 雅士利被并购前后股权结构变动

	股东名称	最终控制人	持股数（万股）	占总股本比（%）
被并购前（2013年6月30日）	张氏国际投资有限公司	张利钿	182680.88	51.33
	凯雷亚洲投资顾问有限公司	Carlyle Asia Partners III L. P	85363.12	23.98
	张利钿	张利钿	932.83	0.26
被并购后（2013年12月31日）	中国蒙牛国际有限公司	中国蒙牛乳业有限公司	272561.26	76.58
	Dunearn Investments (Mauritius) Pte Ltd	Temasek Holdings (Private) Limited	22022.50	6.19
	Hope Investments Management Co Lted	Hope Investments Management Co Ltd	17717.62	4.98

并购完成后，以张氏家族为主的董事会基本换成蒙牛高管，雅士利宣布，原公司高层张利坤、张利明及张利波将辞任执行董事，张弛及张淑国辞任非执行董事。张弛辞任雅士利审核委员会成员，同时，张利钿不再担任雅士利的董事会主席，但仍担任雅士利总裁。由蒙牛总裁孙伊萍出任雅士利董事会主席，此外来自中粮集团或者蒙牛的程守太、李港卫、莫卫斌等人进入雅士利董事会。此时张氏家族时代的雅士利几近画上句号。雅士利被并购前后董事会名单见表5，董事会专业委员会角色及职能见表6。

---

❶ 数据来源：巨潮资讯网（雅士利公告，表5同）。

表5 雅士利被并购前后董事会名单

	被并购前（2013年2月18日）	被并购后（2013年11月27日）
非执行董事	张淑国 张弛	孙伊萍（主席）（蒙牛系） 丁圣（蒙牛系） 吴景水（蒙牛系）
执行董事	张利钿（主席） 张利坤 张利明 张利波 张雁鹏	李东明（蒙牛系） 张利钿（原雅士利系） 张雁鹏（原雅士利系）
独立 非执行董事	余世贸 陈永泉 黄敬安 刘锦庭	莫卫斌（中粮系） 程守太（中粮系） 李港卫（中粮系）

表6 雅士利被并购前后董事会专业委员会角色及职能

	被并购前（2013年2月18日）	被并购后（2013年11月27日）
提名委员会	余世茂（主席） 张利钿、陈永泉	孙伊萍（主席） 莫卫斌、程守太
薪酬委员会	余世茂（主席） 张利钿、陈永泉	莫卫斌（主席） 孙伊萍、张利钿、程守太、李港卫
审核委员会	黄敬安（主席） 张弛、余世贸	李港卫（主席） 吴景水、莫卫斌

这是截至2013年中国乳业最大规模的一次并购，也是蒙牛乳业在奶粉领域发力的重要举措。两大乳业巨头联手后，将通过资源整合与互补，利用双方在产品、品牌、渠道等方面的优势，加快高端奶粉行业整体升级的速度。

2.4 强强联合，未见星火燎原

雅士利被并购后受资本市场的追捧，2013年6月19日复牌后高开3%，报3.45港元。蒙牛乳业高开8%，报29.1港元。虽然两家公司的股票的收盘价均低于开盘价格，但是，与6月13日停牌前的股价相比，蒙牛乳业和雅士利国际的股票都出现较大涨幅。但是这些光鲜的表面仍然掩盖不了雅士利正在拖蒙牛后腿的事实。2015年度蒙牛营收490.27亿元，这不仅代表蒙牛乳业离开了"500亿俱乐部"，也代表蒙牛自2013年业绩恢复稳定增长后，3年内年度营收首次出现下滑。蒙牛业绩下滑主要受累于雅士利2014年业绩大幅跳水，数据显示，雅士利国际2015年营收27.62亿元，同比下降1.92%；净利润1.18亿元，同比下降52.61%。蒙牛乳业、雅士利国际2012—2015年营业收入、净利润变化趋势分见图5[①]、图6、图7、图8。

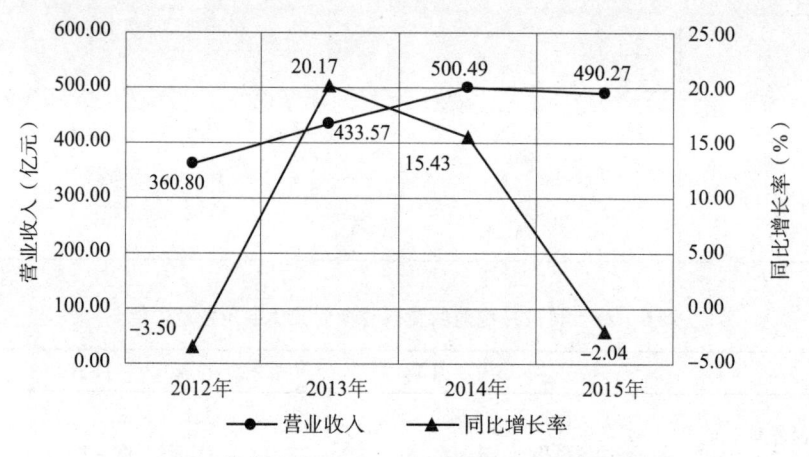

图5 蒙牛乳业2012—2015年营业收入变化趋势

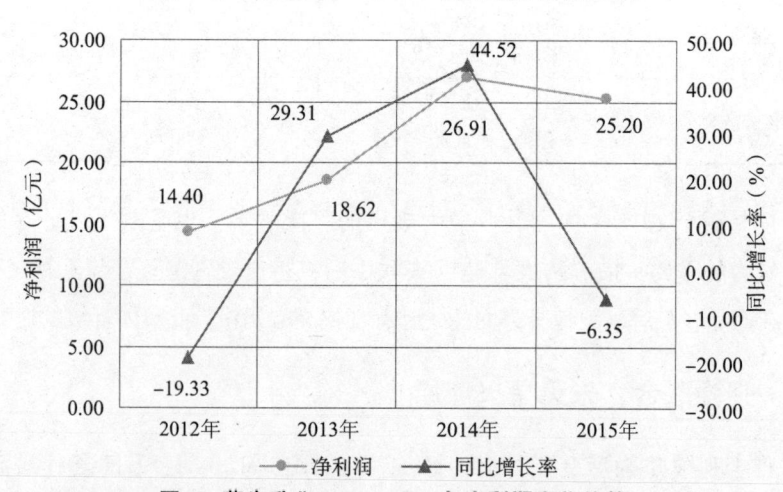

图6 蒙牛乳业2012—2015年净利润变化趋势

[①] 数据来源：同花顺财经（图6、图7、图8同）。

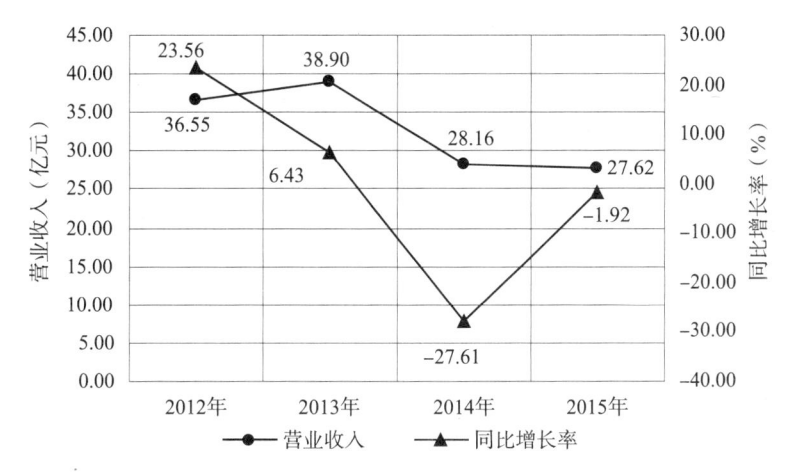

图 7　雅士利国际 2012—2015 年营业收入变化趋势

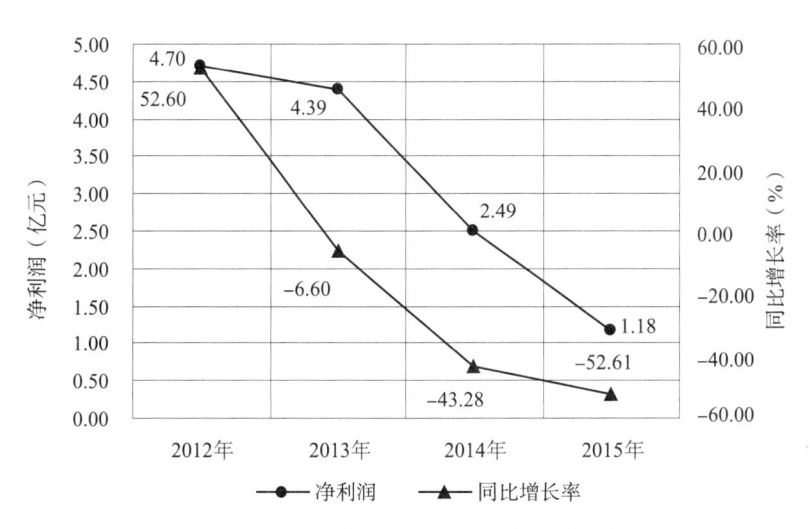

图 8　雅士利国际 2012—2015 年净利润变化趋势

并购后的两年内,作为蒙牛在奶粉业务方面的"心头肉",雅士利也急需表现自己的能力,但其迟迟没让人看到强强联合后的突飞猛进,反而出现了拖后腿的现象。分析原因,首先,虽然雅士利是奶粉行业的佼佼者,拥有良好的管理和研发团队,但是绝境逢生的雅士利需要时间来愈合之前的"伤口"。其次,蒙牛将自主奶粉品牌欧氏蒙牛一并加入雅士利的旗下,并把原来很多雅士利的做法都嫁接到蒙牛的奶粉板块上,依然沿用雅士利大经销制的做法,没有针对性地对渠道进行实质性的变革。可见蒙牛对雅士利的奶粉业务与蒙牛自身的奶粉品牌的整合并不成功。两个完全不同风格的奶粉品牌要相处融洽，还需要雅士利慢慢摸索。再次，虽然蒙牛给予了雅士利绝对的运营权，但却对雅士利的高层管理人员进行了大幅度的调整，原来很熟悉雅士利的张氏家族都远离了核心管理层，而新来的高管大多来自蒙牛或中粮，显然这两个企业对奶粉品牌的营销管理要么不接地气，要么经验不足，很多政策不但难以促进销售，还对营销效率有了掣肘的负面影响。最后，雅士利作为潮汕企业，有着浓厚的潮汕文化，恪守着"铸造精品，倡导健康，持续改进，满意全球"的质量方针，这种做奶粉的"细腻"完全不同于蒙牛的"生猛"和其第一大股东中粮的"稳健"，文化的差异成了共同进步的绊脚石。老蒙牛系的人特别适合做液态奶，但液态奶的营销思路与婴幼儿奶粉有着本质的区别。液态奶的营销是一种快消模式，相对比较粗放，但奶粉的营销完全不同，需要精细化的运作，因此用快消的思路很难把奶粉营销做好。所以雅士利要融入这种文化背景，需要很长的时间来打磨自己。

3 友情客串，幕后赢家

历史总是以相似的方式上演，只不过这一次站在蒙牛位置上的是雅士利。在两年的时间里，雅士利眼看着蒙牛不断拓宽自身的疆土，自己也想加入这样的队伍中。在国家政策的鼓励下，雅士利也开始蠢蠢欲动，想要有些作为，因此便和蒙牛提出了继续并购的想法，而对于蒙牛来说，雅士利的并购行为无异于帮自己圈地。于是，和雅士利当初境遇相似的多美滋走进了大家的视线……

3.1 多美滋：渠道不振，重创难复

2013年8月，新西兰乳制品巨头恒天然发布消息称，公司一个工厂生产的浓缩乳清蛋白粉检出肉毒杆菌，包括达能集团旗下多美滋在内的4家中国境内进口商进口了疑受污染的乳清蛋白粉。而多美滋使用的浓缩乳清蛋白主要用于生产基粉，共涉及12个批次的产品，随后多美滋针对市面上正在销售的产品启动全面召回措施。但是之后的一系列检测指出，这只是一起乌龙事件。

雅士利：上演行业被并购与并购

2013年9月，刚刚从恒天然事件中松一口气的多美滋又陷入"第一口奶"事件，央视报道称，为抢占市场，包括多美滋在内的不少奶粉企业让医院给初生婴儿喂"第一口奶粉"，让孩子产生对某种奶粉的依赖，达到长期牟利的目的。

从2013年恒天然肉毒杆菌乌龙事件开始，再加上"第一口奶"事件，多美滋中国业绩开始一蹶不振。数据显示，其2013年以来的年收入、净利呈逐年下降趋势，近3年亏损分别为6.48亿元、8.3亿元及8.39亿元。多美滋中国2012—2015年营业收入、净利润变化趋势见图9❶、图10。

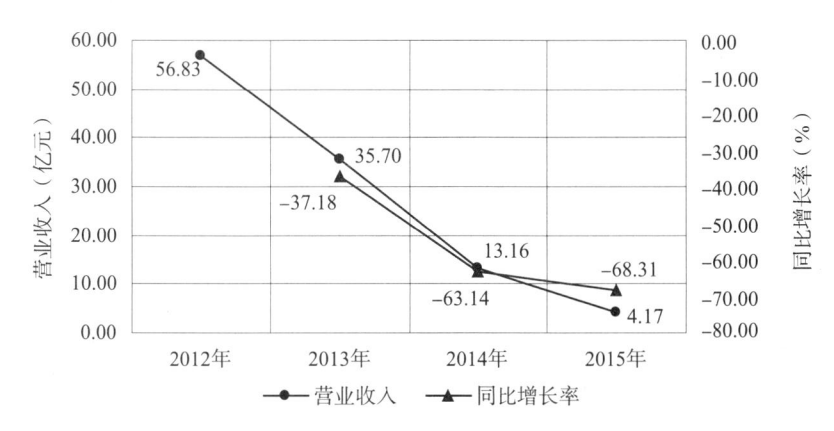

图9　多美滋中国2012—2015年营业收入变化趋势

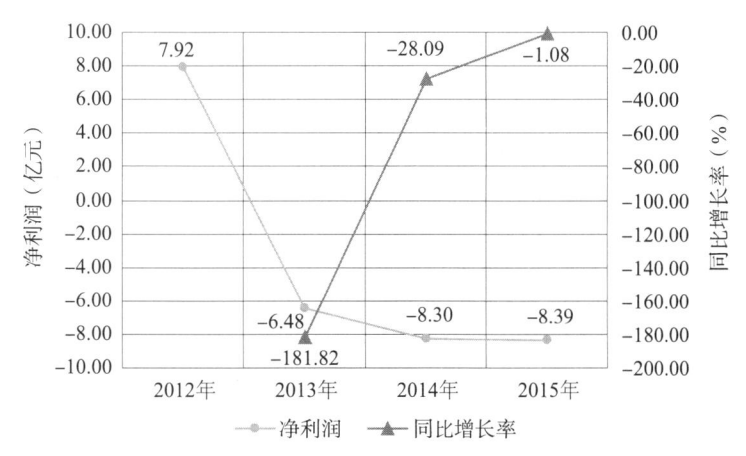

图10　多美滋中国2012—2015年净利润变化趋势

---

❶ 数据来源：巨潮资讯网（图10同）。

"第一口奶"事件发生后,医药渠道已经禁止推广奶粉,因此多美滋中国仅剩下传统线下和线上渠道,"第一口奶"事件对多美滋中国的销售渠道造成了沉重打击,尤其是医护渠道,导致其渠道商信心下滑、营销体系混乱、人才流失,"2014年多美滋整个市场团队就垮掉了"。

业界有一种说法,多美滋暴跌绝非只是恒天然事件造成的。在这个乌龙事件前,多美滋由于崇尚市场第一而快速发展,与渠道商之间的关系已经相当紧张。恒天然事件一出,成为压死骆驼的最后一根稻草,导致其销量缩水至之前的1/10。讲到底,是渠道抛弃了多美滋。

3.2 达能:蛰伏多年,伺机"弃子"

多美滋中国的原"东家"达能集团自2013年开始就不断精简在华奶粉品牌。在雅士利全面完成并购多美滋中国业务之前,达能曾在2016年3月宣布,因战略调整,停止在中国市场销售金装可瑞康奶粉,未来重点布局旗下爱他美、诺优能两大品牌。在行业竞争愈发激烈的大背景下,达能提前甩掉多美滋这个包袱"也是不错的选择"。何时抛弃多美滋成为达能下活整盘棋的最妙一步!

3.2.1 天时:雅士利业绩跳水

自蒙牛并购雅士利后,雅士利从民营企业转变为国企、外资和民营融合的"样板"企业,稳健的国企中粮集团、灵活的外资达能集团以及生猛的民营企业蒙牛为雅士利一路保驾护航,但仍然改变不了雅士利业绩跳水的局面,被并购后一直表现不佳,每况愈下。因此雅士利急需寻找一个让自己摆脱困顿局面的出口。

3.2.2 地利:达能多年铺路

早在2013年,蒙牛最大股东中粮集团和法国达能就合作成立了一家合资公司,其中中粮、达能各持股51%、49%,中粮向该合资公司转让蒙牛乳业8.3%的股份,达能通过合资公司在蒙牛乳业间接持股约4%。2014年2月,蒙牛向达能定向增发,达能投入51.53亿港元,占蒙牛股份9.9%,成为蒙牛第二大股东。

2014年,雅士利、蒙牛乳业和法国达能联合签署了一份股份认购协议。根据协议，达能将以现金43.9亿港元参与雅士利的11.86亿股新股定向增发，获得雅士利的25%股权，成为继蒙牛之后雅士利的第二大股东。

回头看看达能的这一系列动作，仿佛都在预示着其早有预谋，步步为营。

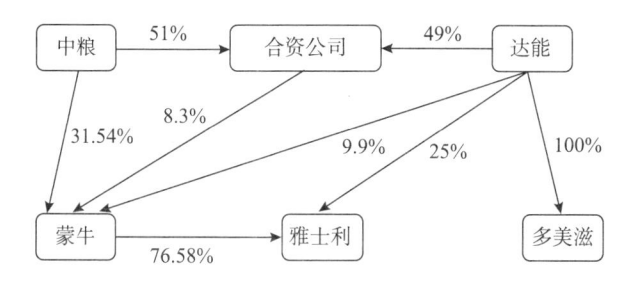

图11 蒙牛、雅士利、多美滋、达能、中粮之间股权关系

3.2.3 人和：败也卢敏放，成也卢敏放

卢敏放，

1991年毕业于复旦大学生物化学系，就职通用电器中国公司；

1995年就职强生中国有限公司；

2009年就职多美滋婴幼儿食品有限公司；

2011年任达能生命早期营养品公司大中华区副总裁；

2015年任蒙牛控股的雅士利集团总裁；

2016年9月15日任蒙牛集团总裁。

卢敏放曾长期担任多美滋中国区总经理，把多美滋国内市场份额做到第一，在升任达能纽迪希亚大中华区副总裁后，又成功把纽迪希亚做成国内电商母婴类的第一位，他的实力与功劳有目共睹。但不可忽视的是，这个一级功臣也将多美滋经营到了一路下滑的地步，而且时间也证明他并没有成功地挽救多美滋。在之后担任雅士利集团总裁的两年时间里，他将多美滋的国外品牌经营模式引入雅士利国内品牌的运营中。显然，对于雅士利来说，这样的运营模式是不接地气的，因此雅士利的业绩也并未见有很大的改观。

一边是达能急于甩掉多美滋这个"包袱"，而另一边作为雅士利一把手的卢敏放又背负着巨大的经营压力，因此，达能和它一手培养出来的卢敏放商量能不能让雅士利出面将多美滋收入囊中。这样一来雅士利不仅会注入新的研发团队，分担雅士利的业绩压力，二来对于雅士利的东家蒙牛来说，无疑在接受新团队的同时扩张了自己的奶粉市场版图，这可能是蒙牛最希望看到的结局。而在这中间，卢敏放无疑成为自己老东家和现东家之间交流沟通最重要的纽带。将多美滋推上奶粉市场第一席位的是卢敏放，把多美滋拉下神坛的也是卢敏放，而如今救多美滋于水深火热之中的还是卢敏放，也真是应了"成也萧何，败也萧何"这句经典。

天时、地利、人和恐怕是描述达能集团当下处境最合适的词汇了，在恰当的时机提出放弃"多美滋"真正成为达能走得最妙的一步。

3.3 雅士利：负重之下，华丽变身

蒙牛并购雅士利的初衷是实现强强联合，但从近年的营业收入及利润可以看出，虽然雅士利一直想积极表现自己，但眼前的事实却与愿违。在不断的重压之下，雅士利也在积极探索重生的途径，可是谁曾想到，2015年12月1日，雅士利竟然华丽变身，并购了达能旗下的多美滋中国，这一举动引得外界一片哗然，猜疑之声四起，对于达能的这个"弃子"——多美滋，雅士利究竟出于何种目的要并购它？

当然，最主要的原因其实还是国家新政的出台，未来国内仅需要10家左右年销售收入超过20亿元的知名品牌企业，用5年时间将现有的128家婴幼儿奶粉生产企业整合保留至大约50家，谁都不想自己成为那剩下的

78家被淘汰、被除名的企业。所以雅士利也在为自己的未来做打算，在寄人篱下的情况下，也要为自己谋后路。同时，雅士利并购多美滋还存在别的考量。

3.3.1 填补空白，拓宽市场

2015年一季度，多美滋中国在上海和江苏的市场份额分别为8.1%和7.9%，而雅士利仅为1%和1.9%。雅士利表示，并购后，多美滋中国将继续主攻一二线城市市场，在获得其销售网络后，将有助于雅士利拓展一二线城市尤其是华东的市场。雅士利不仅买下了多美滋中国的研发中心、奶粉生产基地，还买下了多美滋的生产工艺和技术。此前，蒙牛和雅士利在奶粉配方研发方面相对较差，并购后多美滋的技术在特殊配方奶粉这块填补了空白。

3.3.2 分担风险，整合业务

蒙牛希望凭借现有奶粉品牌覆盖一线到五线城市市场，缩短与竞争者的业绩差距，但就整个国内婴幼儿奶粉品牌而言，仍与国际巨头差距甚远。2015年，我国婴幼儿奶粉进口量同比增长46.5%，其中达能旗下婴幼儿奶粉在华销售额与伊利、飞鹤总和持平。但蒙牛的业绩在2014年首次冲进"500亿俱乐部"后，于2015年迎来了3年来的首次下滑。其中，雅士利仅为蒙牛贡献了0.36亿元的利润，同比下降70%，蒙牛希望达能亚洲入股雅士利，帮助蒙牛分担雅士利的财务风险。此次并购完成后，蒙牛很可能凭借雅士利、多美滋、君乐宝跃居国产奶粉品牌第一梯队，市场占有率有所提升。

3.4 四方会谈，尘埃落定

2015年12月的一天，蒙牛、雅士利、达能、多美滋四大公司的代表齐聚一堂，就雅士利并购多美滋的各项具体事宜进行了四方会谈，最终雅士利与多美滋签订了意向股权转让协议，包括商标、专利在内的多美滋中国全部股权将以12.3亿港元的价格出售，多美滋中国将成为雅士利的间接全资附属公司。之后的7个月里，国家商务部、雅士利股东大会均通过了雅士利并购多美滋议案。2016年7月24日，蒙牛乳业（2319HK）、雅士利（1230HK）与法国达能集团签订谅解备忘录，雅士利拟全资并购曾经占据国内奶粉市场份额第一的多美滋。至此，雅士利全资并购多美滋已落下帷幕，尘埃落定。雅士利并购多美滋事件时间轴见图12。

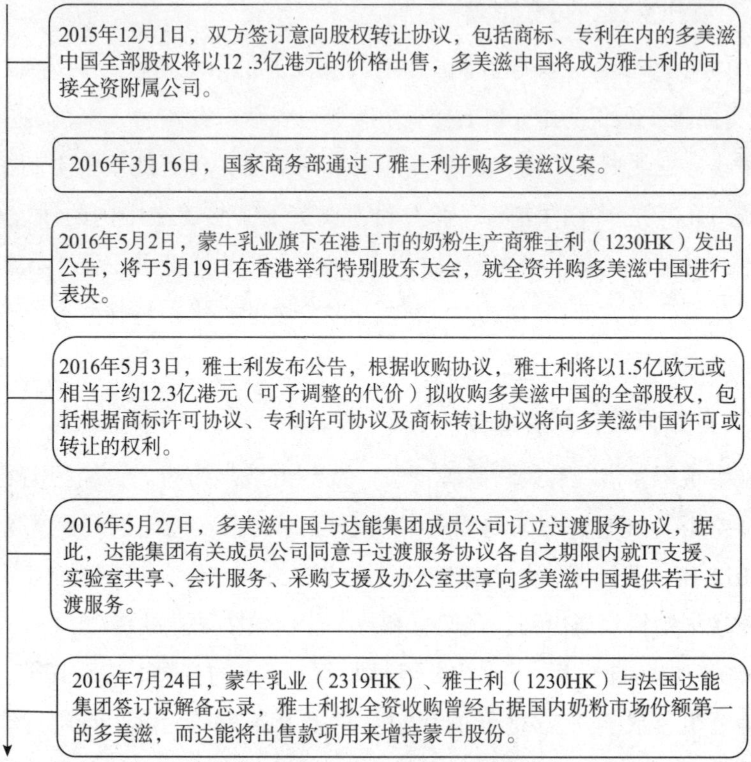

- 2015年12月1日，双方签订意向股权转让协议，包括商标、专利在内的多美滋中国全部股权将以12.3亿港元的价格出售，多美滋中国将成为雅士利的间接全资附属公司。

- 2016年3月16日，国家商务部通过了雅士利并购多美滋议案。

- 2016年5月2日，蒙牛乳业旗下在港上市的奶粉生产商雅士利（1230HK）发出公告，将于5月19日在香港举行特别股东大会，就全资并购多美滋中国进行表决。

- 2016年5月3日，雅士利发布公告，根据收购协议，雅士利将以1.5亿欧元或相当于约12.3亿港元（可予调整的代价）拟收购多美滋中国的全部股权，包括根据商标许可协议、专利许可协议及商标转让协议将向多美滋中国许可或转让的权利。

- 2016年5月27日，多美滋中国与达能集团成员公司订立过渡服务协议，据此，达能集团有关成员公司同意于过渡服务协议各自之期限内就IT支援、实验室共享、会计服务、采购支援及办公室共享向多美滋中国提供若干过渡服务。

- 2016年7月24日，蒙牛乳业（2319HK）、雅士利（1230HK）与法国达能集团签订谅解备忘录，雅士利拟全资收购曾经占据国内奶粉市场份额第一的多美滋，而达能将出售款项用来增持蒙牛股份。

图12　雅士利并购多美滋事件时间轴

但有意思的是，在并购完成之后，达能又增持雅士利的控股股东蒙牛，这一举措让大家对达能的动机产生了怀疑。达能一方面精简自己的在华品牌，该抛弃的抛弃，该停产的停产，另一方面又去投资像蒙牛这样的乳业经营大户，从而更进一步接近中粮，与中粮形成紧密的战略关系，为其在中国的未来发展铺路。达能以资本的形式进入中国市场，一面出售多美滋，一面又增持蒙牛，动机是好是坏还有待商榷。

并购完成之后，作为并购方的雅士利股权结构并未发生变动。雅士利并购前后股权结构变动见表7。但是并购前后的董事会构成却发生了很大的变化，雅士利原总裁卢敏放先生由执行董事变为非执行董事，同时接手孙伊萍的蒙牛集团总裁职位，孙伊萍在雅士利董事会中的原有职能也全部由卢敏放替代。这意味着孙伊萍所带领的第三代蒙牛时代已经画上句号，而卢敏放所带领的第四代蒙牛时代才开始起步。李东明也不再担任执行董事，而由雅士利华东区总监华力接手。董事会的其他角色职能均未发生变动。雅士利并购前后董事会变动名单见表8❶，并购前后并购前后董事会角色及职能变动见表9。

表7 雅士利并购前后股权结构变动

	股东名称	最终控制人	持股数（万股）	占总股本比（%）
并购前（2015年6月30日）	中国蒙牛国际有限公司	中国蒙牛乳业有限公司	242215.04	51.04
	Danone Asia Baby Nutrition Pte Ltd	达能集团	118639.01	25
	张氏国际投资有限公司	张利辉先生、张利坤先生、张利明先生、张利钿先生、张利波先生及佘丽芳	30346.21	6.39
并购后（2016年6月30日）	中国蒙牛国际有限公司	中国蒙牛乳业有限公司	242215.04	51.04
	Danone Asia Baby Nutrition Pte Ltd	达能集团	118639.01	25
	张氏国际投资有限公司	张利辉先生、张利坤先生、张利明先生、张利钿先生、张利波先生及佘丽芳	30346.21	6.39

表8 雅士利并购前后董事会变动名单

	并购前（2015年6月5日）	并购后（2016年9月15日）
非执行董事	孙伊萍（主席）秦鹏、张平吴、景水	卢敏放（主席）秦鹏、张平、黄晓军
执行董事	卢敏放、李东明	华力
独立非执行董事	莫卫斌、程守太、李港卫	莫卫斌、程守太、李港卫

❶ 数据来源：巨潮资讯网（雅士利公告，表8、表9同）。

表9 雅士利并购前后董事会角色及职能变动

	并购前（2015年6月5日）	并购后（2016年9月15日）
提名委员会	孙伊萍（主席） 莫卫斌、程守太	卢敏放（主席） 莫卫斌、程守太
薪酬委员会	莫卫斌（主席） 孙伊萍、秦鹏、程守太、李港卫	莫卫斌（主席） 卢敏放、秦鹏、程守太、李港卫
审核委员会	李港卫（主席） 张平、莫卫斌	李港卫（主席） 张平、莫卫斌

至此，雅士利真正完成了从被并购方到并购方的身份转变，围绕在雅士利上下游的并购链正式建立。通过雅士利并购多美滋，对于蒙牛来说算是一次资源的整合重组，在乳制品行业市场需求不振的特殊时期，四方抱团取暖，力图通过整合，达到各自利益的最大化。

3.5　三足鼎立？三权分立？

由于到目前为止，雅士利成功并购多美滋还不到一年的时间，更多的长期效益还没显示出来。不过有人怀疑，以卢敏放的能力连一个雅士利都带不好，更别说再加一个"拖后腿"的多美滋，这种业绩下滑、连续亏损企业的价值到底在哪里？但还有人认为多美滋毕竟是卢敏放一手带出的，最熟悉它的人莫过于卢敏放了，可能他需要的只是时间，加之这些年对雅士利的逐渐摸索，相信他肯定会找到综合两家企业的最优道路。但毕竟质疑声是高过支持声的，可见卢敏放的压力也着实不小。对于蒙牛、雅士利、多美滋组成的并购直线链，究竟是能做到三足鼎立，称霸中国奶业天下，还是只是以表面的并购告知市场我们仍是一盘散沙，难以形成实质上的优势资源互补，最终成为这个并购链上的三权分立？三方企业的未来何去何从，我们拭目以待。

4　尾声：雅士利"掌舵"，行至何方？

雅士利在并购了多美滋后，成为蒙牛在奶粉市场上最信赖的"舵手"。过去虽然雅士利也在大刀阔斧地改革，在渠道转型、供应链整合上下了大功夫，比如打破了原有的经销生态圈，关停了工厂，但雅士利接盘蒙牛旗下多个品牌后在融合过程中各方因素都不协调。在被蒙牛并购之前，雅士利主要销售市场是三线四线城市，价格偏中低端，而多美滋作为之前达能最赚钱的品牌，主要占据高端市场，没有融合好最终很难形成合力。此外，蒙牛并购时并没有留住雅士利的原班人马，管理团队的流失导致雅士利客户的流失，这在很大程度上影响了近年来的业绩。同时，多美滋注入后管理人员又再次发生了变动，而新任管理团队又需要长时间磨合才能带动业绩增长。另外，在当今乳企并购的浪潮下，大家纷纷为自己圈地，一味的疯狂并购后却不重视并购后的整合阶段，反而会拖累自己的业绩。可见，企业的并购是一个非常复杂和长期的过程，而并购后的整合工作又将会影响并购绩效或导致并购失败，所以企业并购后的整合工作就变得很有必要性和紧迫性。

因此，企业在并购整合阶段需要注意以下几个方面。

第一，经营战略的整合。企业经营战略是实现企业长期经营目标的方法。并购过程中的经营战略整合，就是对并购企业和被并购企业的优势战略环节进行整合，以提高企业整体的盈利能力和核心竞争力。战略整合不是简单地把各种资源、能力捆在一起，而是致力于追求它们之间的协同效应。

第二，组织与制度的整合。企业并购中的组织与制度整合对企业并购的最终成功有很大影响。企业只有在并购后，通过组织调整和制度整合以形成有序统一的组织结构及管理制度体系，才能够尽快地实现企业的稳定经营。除了使管理规范化，还要重视科学管理方法的采用和重组。将并购企业的良好制度植入被并购企业十分重要。

第三，人力资源的整合。并购后如果并购公司不重视对人力资源进行整合，会对并购绩效产生不利影响。如目标公司的员工会对裁员和其他人事变动产生恐惧心理，情绪不稳定，影响工作效率；目标公司的核心员工并不支持并购企业的管理体系或担心不被重用，一些高管会选择离职，造成公司的人才流失。

第四，企业文化的整合。在企业并购中，由于经营规模、行业、所在区域等方面的不同，决定了企业之间在文化方面存在明显的差异，经营思想、价值观念、工作态度、管理方法等方面都形成了强烈的文化冲突。因此，企业文化的整合影响企业并购的成败。任何成立新组织的企业必须认识到，其人员来自不同的企业文化，要想把文化冲突的影响降至最低，就需要通过相互渗透式的融合，最终形成你中有我、我中有你的企业文化主体。

第五，财务的整合。财务整合是指并购方对目标公司的财务管理目标、财务制度和会计核算体系进行统一的管理。大多数并购公司以企业价值最大化作为财务管理目标，这一目标会提高企业的财务整合效率。任何公司若缺少一个良好的财务制度体系，都不能快速发展，还可能导致并购失败甚至破产。会计核算体系的整合要确保并购双方财务制度体系的一致，便于并购方精确了解目标企业的信息，有利于两家企业进行业务上的融合。财务整合是企业并购整合的重点，应该受到企业重视，否则，将会导致并购成本过高，影响并购绩效。

随着中国婴幼儿配方奶粉注册制落地，行业市场情况会逐步回暖。未来，蒙牛如何领导，雅士利如何衔接，多美滋花开何时都将是它们要面临的战略核心问题。雅士利如何在三者之间做好有效的资源整合，在这样一个焦点的位置巧妙转身，依托新的环境，走出这一场处境困难的寒冬；雅士利掌舵，将它的奶粉品牌带至何方，值得我们共同期待。

文中涉及的政策法规注释：

1.《提高乳粉质量水平　提振社会消费信心行动方案》，工业与信息化部，2013年6月4日

引导婴幼儿配方乳粉优势企业实施强强联合、兼并重组，提高产业集中度。

2.《关于转发工业和信息化部等部门推动婴幼儿配方乳粉企业兼并重组工作方案的通知》（国办发〔2014〕28号），国务院办公厅，2014年6月6日

到2015年年底，争取形成10家左右年销售收入超过20亿元的大型婴幼儿配方乳粉企业集团，前10家国产品牌企业的行业集中度达到65%；到2018年年底，争取形成3~5家年销售收入超过50亿元的大型婴幼儿配方乳粉企业集团，前10家国产品牌企业的行业集中度超过80%。

鼓励符合生产资质条件的企业以资产和品牌为纽带，通过企业并购、协议转让、

联合重组、控股参股等多种方式，开展婴幼儿配方乳粉企业兼并重组。鼓励通过《粉状婴幼儿配方食品良好生产规范》(GB 23790—2010)达标认证的企业兼并未通过达标认证的企业。充分发挥行业大型骨干企业的引领带动作用，鼓励开展跨地区、跨所有制兼并重组，实施强强联合、兼并改造中小型企业。引导具有品牌、技术、特色资源和管理优势的中小型企业以并购、产业联盟等多种方式做优做强。推动有实力的企业走出去，参与全球资源整合与经营，提升国际化经营能力。兼并重组后的婴幼儿配方乳粉企业，要实现资本、组织、生产、经营、品牌等方面的整合。支持企业通过兼并重组淘汰落后产能，企业关停或自愿退出婴幼儿配方乳粉生产领域的，按兼并重组的相关政策予以支持。

3.《关于乳与乳制品中三聚氰胺临时管理限量值规定的公告》(2008年第25号)[后废止]，卫生部、工业和信息化部、农业部、国家工商行政管理总局、国家质量监督检验检疫总局，2008年10月7日

三聚氰胺不是食品原料，也不是食品添加剂，禁止人为添加到食品中。对在食品中人为添加三聚氰胺的，依法追究法律责任。三聚氰胺作为化工原料，可用于塑料、涂料、黏合剂、食品包装材料的生产。为确保人体健康，确保乳与乳制品质量安全，特制定三聚氰胺在乳与乳制品中的临时管理限量值(以下简称限量值)。

一、婴幼儿配方乳粉中三聚氰胺的限量值为1mg/kg，高于1mg/kg的产品一律不得销售。

二、液态奶(包括原料乳)、奶粉、其他配方乳粉中三聚氰胺的限量值为2.5mg/kg，高于2.5mg/kg的产品一律不得销售。

三、含乳15%以上的其他食品中三聚氰胺的限量值为2.5mg/kg，高于2.5mg/kg的产品一律不得销售。

4.《关于三聚氰胺在食品中的限量值的公告》(2011年第10号)，2011年4月6日

为确保人体健康和食品安全，根据《食品安全法》及其实施条例规定，在总结乳与乳制品中三聚氰胺临时管理限量值公告(2008年第25号公告)实施情况基础上，考虑到国际食品法典委员会已提出食品中三聚氰胺限量标准，特制定我国三聚氰胺在食品中的限量值。

婴儿配方食品中三聚氰胺的限量值为1mg/kg，其他食品中三聚氰胺的限量值为2.5mg/kg，高于上述限量的食品一律不得销售。

上述规定自发布之日起施行。乳与乳制品中三聚氰胺临时管理限量值公告(2008年第25号公告)同时废止。

5.《关于禁止以委托、贴牌、分装等方式生产婴幼儿配方乳粉的公告》(第43号),国家食品药品监督管理总局,2013年11月27日

婴幼儿配方乳粉生产企业不得在国内生产其仅在境外注册商标和企业名称、地址的婴幼儿配方乳粉,不得在国内生产标注为境外企业名称、地址的婴幼儿配方乳粉。

任何单位和个人不得采购或进口婴幼儿配方乳粉直接进行装罐、装袋、装盒,或者改变包装、标签生产婴幼儿配方乳粉。

6.《婴幼儿配方乳粉产品配方注册管理办法》(总局令第26号),国家食品药品监督管理总局,2016年6月6日

第九条 同一企业申请注册2个以上同年龄段产品配方时,产品配方之间应当有明显差异,并经科学证实。每个企业原则上不得超过3个配方系列9种产品配方,每个配方系列包括婴儿配方乳粉(0~6月龄,1段)、较大婴儿配方乳粉(6~12月龄,2段)、幼儿配方乳粉(12~36月龄,3段)。

第十条 同一集团公司已经获得婴幼儿配方乳粉产品配方注册及生产许可的全资子公司可以使用集团公司内另一全资子公司已经注册的婴幼儿配方乳粉产品配方。组织生产前,集团公司应当向国家食品药品监督管理总局提交书面报告。

第三十二条 声称生乳、原料乳粉等原料来源的,应当如实标明具体来源地或者来源国,不得使用"进口奶源""源自国外牧场""生态牧场""进口原料"等模糊信息。

第二章 现代牧业"归根"蒙牛？

摘　要：本案例以现代牧业与蒙牛的并购事件为背景，描述现代牧业与其有着千丝万缕关系的蒙牛几经波折之后，终于团圆的"故事"。引导思考上游奶源企业与下游乳品加工企业并购会给并购双方和行业格局带来怎样的影响。

关键词：现代牧业；蒙牛；收购；产业链；奶源

引 言

故事要从 2008 年开始说起,三鹿问题奶粉曝光引发国内乳制品行业巨震,消费者对国产乳制品产生了质疑,国内乳企巨头痛下功夫严控奶源品质,而作为龙头的蒙牛在奶源问题上一直为人所诟病。为此,蒙牛与主要原奶供应商现代牧业一口气签订了为期 10 年的供奶协议,协议中规定现代牧业将其总产量 70% 的原奶供应给蒙牛。不料,这对为世人所看好的"小情侣"并没有人们想象中那么甜蜜,自 2013 年起,现代牧业对于蒙牛的原奶销售比例开始大幅下降,从最初的 97.8% 跌至不到 80%。除了另找渠道之外,现代牧业自行发展起了高端奶业务,在下游的高端奶市场直接与蒙牛特仑苏展开竞争。

蒙牛自然不愿意被冷落,在向现代牧业收购原奶的同时,蒙牛也积极介入上游奶源业务。"小两口"真正对立则是在 2016 年中报期间,当时现代牧业中期业绩大幅亏损,而后就有媒体报道现代牧业将亏损的原因归结于蒙牛未能按照当年签下的协议完成 70% 原奶量的收购,导致大量的原奶只能做喷粉处理。面对现代牧业的指控,蒙牛的回应则是"公司今年预计也将产生亏损,亏损的原因是旗下合营公司亏损所致",暗示性地将这烫手山芋转给了现代牧业。就在业界担心与蒙牛对立后的现代牧业将何去何从之时,2013 年 5 月 8 日,蒙牛竟以 1.94 港元的价格溢价增持现代牧业。关系深厚的并购双方,从交易的长期合作伙伴到现在的合为一体,究竟是利大于弊还是弊大于利?双方合而为一是否能顺利地携手走下去?被称为乳业最佳组织模式的上游奶源与下游加工巨头的这次合并,能否成为行业发展的新典范?

1 "恋爱双方"出场

1.1 国内"万头牧场"的鼻祖——现代牧业

现代牧业(集团)有限公司(简称"现代牧业")成立于 2005 年 9

月，是一家专门从事奶牛养殖和牛奶生产的企业，总部位于安徽省马鞍山市经济技术开发区。经过不到10年的努力，先后被授予《凤凰财经资讯》"2010年度中国最具投资价值和发展潜力企业排行榜"第一名、《中国企业家》"2010年度未来之星百强企业评选第一名"等荣誉，还于2011年登上《环球时报》，成为"全球最受关注中国绿色企业"。

表1 现代牧业大事件

时间	事件
2005年9月	现代牧业在安徽马鞍山正式注册成立
2010年10月	在香港联交所成功上市，是全球第一家以奶牛养殖资源上市的公司
2012年1月	进入下游市场，推出"现代牧业"自有品牌奶
2013年5月	蒙牛购买KKR和鼎辉的股份，成为现代牧业最大股东
2017年1月	蒙牛以每股1.94港元的价格收购现代牧业16.7%的股份，蒙牛持股增加至39.9%
2017年2月	董事会通过以每股1.94港元价格全购现代牧业的议案

截至2016年6月，现代牧业在全国尤其是长江以北布局了27个运营牧场，饲养总共约22.0493万头奶牛，开创了国内首家"牧草种植—奶牛养殖—产品加工"一体化的生态发展模式，形成了规模化、现代化、标准化、集约化的奶牛养殖格局。现代牧业万头牧场位于国内多个策略性地点，牧场的位置基本临近下游乳制品加工厂及饲料供应来源地，实现"种养加"零距离一体化，其奶源品质得到业界高度认可，自有品牌牛奶更是连续三年荣获世界食品品质评鉴大会金奖。

1.2 蒙牛的并购历程

内蒙古蒙牛乳业（集团）股份有限公司始建于1999年8月，总部设在内蒙古和林格尔县盛乐经济园区，2004年在香港上市（股票代码：2319HK）。蒙牛是生产牛奶、酸奶和乳制品的领先企业之一，在全国16个省区市已建立生产基地20多个，拥有液态奶、酸奶、冰淇淋、奶品、奶酪5大系列400多个品项，产品以其优良的品质覆盖国内市场，并出口到美国、加拿大、蒙古、东南亚等多个国家和地区。

表 2　蒙牛乳业大事件

1999 年	内蒙古蒙牛乳业（集团）股份有限公司（简称蒙牛乳业集团）成立
2004 年	蒙牛正式于香港联交所主板上市（股票代码：2319 HK），成为第一家在香港上市的中国大陆乳制品企业
2009 年	中国最大的粮油食品企业中粮集团入股蒙牛，成为蒙牛第一大股东
2010 年	蒙牛集团投资 4.692 亿元持有君乐宝公司 51% 的股权，成为其第一大股东
2011 年	中粮集团花费近 36 亿港元购入蒙牛 1.42 亿股份，使其持股比例升至 28.04%，继续巩固最大股东地位
2012 年	欧洲乳业巨头 Arla Foods（中文名"爱氏晨曦"）以 22 亿港元入股蒙牛，持股约 5.9%，成为继中粮之后的蒙牛第二大战略股东
2013 年	蒙牛乳业向雅士利国际进行投资整合，成为雅士利国际第一大股东
2013 年	蒙牛乳业宣布 32 亿港元增持现代牧业股份，成其最大单一股东
2014 年	蒙牛与北美食品巨头 White Wave Foods 建合资企业，蒙牛乳业与其分别持有 51% 及 49% 的股份
2014 年	蒙牛向达能定向增发，达能投入 51.53 亿港元，成为蒙牛第二大股东

蒙牛在 2009 年中粮入股收购后，先后收购了君乐宝、现代牧业、雅士利等乳品公司，开启了全产业链布局的并购历程。蒙牛收购君乐宝是看中了君乐宝在低温活性乳酸菌饮料方面全国销量第一的地位；收购雅士利是因为蒙牛在奶粉市场的占有率一直不高，而雅士利是国内婴幼儿配方奶粉的领先企业，借此收购，蒙牛将会弥补其在奶粉领域的市场短板；收购现代牧业则是看中了其优质奶源。由此看来，蒙牛的并购战略真可谓运筹帷幄，全盘布局，步步为营，构建各具优势的全产业链格局。

2 "神仙眷侣合一分一合"

2.1 "神仙眷侣"的"美好时光"

2005 年，蒙牛在安徽马鞍山建造新工厂，主要生产牛奶和冰激凌。尽管成功落户，蒙牛却面临着一大难题：没有稳定的奶源。安徽奶牛养殖业历来欠发达，现有的原奶无论是质量还是数量都不过关，如果在外地购买再空运回来的话，成本又难以消化。

如何一劳永逸地解决奶源问题？当时擅长牧场规划的蒙牛副总裁邓九强和他的好朋友高丽娜（现任现代牧业总裁）不约而同地想到了奶牛养殖。但就如何养殖，两人却发生分歧。高丽娜建议从国外引进良种奶牛，然后由蒙牛交给农户饲养。邓九强却认为这种零散型养殖根本不能保证质量，他坚持集约化养殖，甚至还要打造中国第一个万头牧场，"要做就必须做大"。自始至终，邓九强的计划都不被看好。蒙牛高管层找到邓九强，语重心长地告诉他，万头牧场的计划想想就好，但不要一时冲动去落实。甚至有高管直言不讳地说："老邓，那个模式不行的，只有死路一条！"

一般奶牛养殖规模都以几百头为限，数量多了会给管理带来不便，一旦发生疫病就可能血本无归。甚至有人质疑，邓九强只是为了得到政府补贴，当时国家政策是一头好奶牛补贴1500元，而按照邓九强所提出的万头规模，无疑能获得1500万元的补偿。即使经营亏本了，每年也能从中获得大量资金。倔强的邓九强并未理睬外界的质疑。在他看来，万头牧场是个趋势，现在国内还没有人能成功建造这种大型牧场，自己为何不当第一个吃螃蟹的人？

成功说服高丽娜之后，邓九强飞往美国学习取经，高丽娜则留在国内，频频邀请业内专家前往马鞍山进行参观讨论。但是两人的努力并没有得到业界的认可，甚至一位专家在接到高丽娜电话邀请时，斩钉截铁地告诉她"这是造梦"。

最终，通过私人关系，邓九强还是从蒙牛高管层和供应商手中募集到6800万元资金。2005年9月，现代牧业正式注册成立，高丽娜持股15%、邓源（邓九强女儿）持股25%、蒙牛（马鞍山）公司持股10%，其余50%股权分散在11位个人股东手中。

从股权份额上看，现代牧业和蒙牛的关系并不密切。但由于现代牧业成立之初的大多数股东都是由蒙牛集团中层以上管理人员组成，再加上蒙牛一直为其最大客户，这些错综复杂的渊源，让现代牧业看起来更像是蒙牛的"附属国"。事实上，在现代牧业成立之初，为了扩大知名度和影响力，邓九强甚至在企业名字前打出了蒙牛的招牌，直到2009年，才将名字改回了"现代牧业"。

2008年，这对"神仙眷侣"携手演了一场"恩爱秀"。当时三聚氰胺事件爆发，乳企陷入历史最低谷。事件之后，各乳企巨头抛弃以往收购散户奶源的做法，纷纷加入万头牧场的建设行列。作为国内"万头牧场"的鼻祖，现代牧业自然成为众多乳企心中的"最佳搭档"。现代牧业迎来了最为重要的"黄金发展时期"。2008年9月，来自"华尔街著名的野蛮人、老牌杠杆收购天王"私募股权基金KKR的几位代表的到来，让现代牧业开始爆发性地扩张。KKR的代表开门见山地向高丽娜提出合作意愿，希望以1.5亿美元的投资资金，获得现代牧场20%的股份。这笔巨资的注入，让现代牧业很快成为中国养殖行业的超级舰队。

此时的现代牧业可谓达到人生的顶峰，然而在众多"追求者"当中，现代牧业仍然对当时陷入困境的蒙牛不离不弃。2008年10月与蒙牛签订了原料奶供应协议，从2008年10月起为期10年，现代牧业每年需要向蒙牛供应不少于70%的原奶，蒙牛保持现代牧业的最大客户地位。事实上，2008—2010年3年间，现代牧业对蒙牛的销售额占其销售总额分别为98%、99.6%及97.6%，形同蒙牛的全资原料基地。

2.2 "神仙眷侣"闹分手

从98%、99.6%、97.6%这些数字可以看出，一方面蒙牛是现代牧业的最大客户，高丽娜自己也承认，在2010年公司赴香港上市之前，行业外很少有人知道这家企业。"我觉得没有必要，我们当时对着大客户，奶都被他们收走了，只要他们知道我们的牛奶好就行了。"

而另一方面现代牧业占蒙牛原料奶采购总份额不足5%，现代牧业过度依附蒙牛造成的隐忧始终存在。如果蒙牛下充足的订单、支付丰厚的价格并优先结算，现代牧业就能在未来三到五年继续保持高速增长，但如果蒙牛不想继续"提携"，现代牧业就有可能一败涂地。此种背景下，现代牧业的议价能力值得怀疑，它很难将生产成本压力转移给蒙牛，而蒙牛却有能力将下游销售的压力转嫁给它。

2011年12月，一起事件在二者本就微妙的关系上可以说是"火上浇油"。当时蒙牛在四川眉山工厂生产的利乐包纯牛奶被检测出黄曲霉毒素M1超标。在面对媒体质疑时，蒙牛给出"当地个别牧场的一批饲料因天气潮湿发生了霉变，使得奶牛在食用这些饲料后原奶中的黄曲霉素超标"的解释。尽管没有指名道姓，但这一声明，却有意无意将舆论的矛头转向了现代牧业位于眉山的洪雅牧场,这座牧场日产鲜奶近百吨,全部供给蒙牛眉山公司。

高丽娜表示,现代牧业洪雅牧场每天供给蒙牛眉山工厂 80 吨~90 吨原奶,但现代牧业的奶一般用作高端产品系列,而出事的纯牛奶为低端产品系列,理应和现代牧业的奶没有任何关系。此事一直让高丽娜耿耿于怀,她认为:现代牧业必须寻找更多的合作厂商,至少下次出现此类状况时,还有其他奶企"证明"自己的清白。

很难说清是否正是这场"莫须有"的风暴,让高丽娜产生了彻底摆脱蒙牛的想法,但至少让她坚定了向下游发展的决心。这头不再愿意被"原奶供应商"身份所捆绑的"奶牛",终于像蒙牛母公司中粮集团一样,开始谋划起全产业链布局。

于是现代牧业在 2012 年年初向市场推出现代牧业常温奶产品,当年产品销售额即达到 4700 万元。数据显示,现代牧业的常温奶单品类,每年销量都呈翻倍增长的态势。对于同样以液态奶为主要销售产品的蒙牛来说无疑抢走了一部分客户。这意味着,曾经作为蒙牛原奶供应商存在的现代牧业,正在变成蒙牛的竞争对手,"神仙眷侣"之间关系紧张。

2.3 蒙牛强势与现代牧业"领证"

随着二者微妙关系愈演愈烈,蒙牛采取了行动。2013 年,蒙牛乳业分别向两家私募基金——KKR 附属公司 Advanced Dairy 以及 CDH China Fund 间接全资附属公司 Crystal Dairy 购买现代牧业 20.44% 和 6.48% 的股份。此次收购分两阶段完成,合每股代价为 2.45 港元,合计 1.75 亿港元。交易完成后,蒙牛乳业跃身为现代牧业单一最大及主要股东,持股由 1.078% 增至 27.99%,而 KKR 及鼎辉的持股则降至 3.52% 及 1.51%。

3 "领证"的缘由

3.1 蒙牛与现代牧业"强势"领证的原因

3.1.1 国家政策在召唤

2013 年 6 月 20 日,食品药品监管总局等 9 大部委联合发布了《关于进一步加强婴幼儿配方乳粉质量安全工作的意见》，提出婴幼儿配方乳粉生产企业须具备自建自控奶源，对原料乳粉和乳清粉等实施批批检验，确保原料乳（粉）质量合格。并强调指出，"任何企业不得以委托、贴牌、分装方式生产婴幼儿配方乳粉，不得用同一配方生产不同品牌的婴幼儿配方乳粉，不得使用牛、羊乳（粉）以外的原料乳（粉）生产婴幼儿配方乳粉。"而在此之前，2013年6月4日，工信部就出台了《提高乳粉质量水平提振社会消费信心行动方案》，要求引导婴幼儿配方奶粉优势企业实施强强联合、兼并重组，提高产业集中度。2014年6月6日，工信部、发改委、财政部、食药总局4个部委联合发布《推动婴幼儿配方乳粉企业兼并重组工作方案》，鼓励企业通过并购转让、控股参股等方式兼并重组，争取到2018年年底，形成3~5家年销售收入超过50亿元的大型集团。

随着国家提倡的乳企兼并重组政策逐渐落实，国内的乳品企业加速洗牌，众多实力强大的乳企开始纷纷响应政策实施并购，作为乳业行业"风云人物"——蒙牛自然不甘落后，那么选择在这个时间点前后选择并购现代牧业，其中国家政策的影响就显而易见了。

3.1.2 奶源里的商业基因

乳品行业素有"得奶源者得天下"的说法，奶源是乳品质量的关键制约因素。蒙牛由于快速扩张，市场销量好却深受奶源紧张的困扰。2009年中粮集团入主蒙牛，改变蒙牛以往重市场销售、轻奶源建设的思路，将加快奶源建设放在第一重要位置。

对于蒙牛来说，想找到安全可靠、质量上乘的奶源，一个途径是自建奶源基地，质量问题自己把关；另一个途径是和成熟口碑好的牧场合作。蒙牛2013年发布公告称："蒙牛在五年规划中，对牧场的升级扩大制定了详尽的发展规划。眼下直接加大对现有成熟牧场的投入，是最直接、见效最快的方式，同时也为蒙牛整体的牧场建设计划提供了一个大牧场合作和管理的参考模式。"可以看出，蒙牛选择与成熟牧场合作是一个重大战略决策。

正是出于战略考虑，蒙牛选择增持现代牧业以保证其奶源质量和数量。一方面,现代牧业在品质管理、养殖技术等方面都有丰富经验,已建成并运营万头规模牧场20个,是国内万头牧场的鼻祖,也是炙手可热的乳业上游抢夺对象。

另一方面,2013年蒙牛旗下高端产品特仑苏的70%原奶供应来自现代牧业,用作高温牛奶生产的原奶可替代性很小,同时现代牧业的原奶供应量占蒙牛总需求量的12%~15%。高份额的原奶供应占比和较小的可替代性意味着蒙牛存在着一定的供应风险;另外,10年期的承购合同将于2017年到期,若不进行续约,蒙牛可能出现高质量的原料奶供应短缺。因此,增持现代牧业符合蒙牛的发展规划,同时为蒙牛特仑苏原奶供应提供了一份保障。

2013年5月8日收购当天,蒙牛官方发出公告:"收购现代牧业是为了加强对优质奶源质量和数量的保障,更好地发挥蒙牛一直以来在高端奶源的优势。这也是蒙牛提升产品质量链的重要一环。"

3.1.3 现代牧业掌控议价权

随着奶源出现紧张,现代牧业与蒙牛的关系发生了微妙变化,现代牧业开始掌控议价权。2013年4月也就是收购前,现代牧业总裁高丽娜提及:"蒙牛最近奶源很紧张,现在我们20%的牛奶不卖给他们了,把他们紧张得天天找我们要奶,当然,我们也在考虑提升议价空间。"高丽娜透露,目前销售给蒙牛乳业的原料奶平均价已达到4.4元每公斤,而在以前只有3.8元每公斤,"现在每天有300吨奶销售给了各牧场附近知名品牌企业,价格也很不错"。

现代牧业涨价之后,蒙牛高管和中粮集团董事长宁高宁都决心解决这个问题,避免蒙牛受到上游关联公司钳制。由此可见,蒙牛快速收购现代牧业的现实原因是现代牧业掌控了优质奶源优势和议价权。

3.1.4 "神仙眷侣"同台竞争

现代牧业的常温奶品类,自2012年推向国内市场后销量持续增长。这意味着,曾经作为蒙牛乳业供应商存在的现代牧业,正在变成蒙牛的竞争对手。现代牧业的终端产品一旦成熟,对本身已经有诸多困扰的蒙牛来说又多了一个强有力的竞争对手。

另外，现代牧业的很多高层本身就经历过蒙牛的创业以及高速发展的时期，对蒙牛太熟悉了，如果任由其发展，会不会有一天就像蒙牛对伊利一样，变成一个可怕的对手。

3.2 现代牧业"被领证"的感受

现代牧业发展自有品牌是想摆脱身上的蒙牛标记，而且 2012 年现代牧业开始大幅度压缩对蒙牛的奶源供应比例，并对原奶价格进行了上调，这些都让蒙牛措手不及。对此蒙牛选择强势入股，现代牧业自然有些不情愿了。

其实蒙牛于 2013 年年初就开始频繁接触现代牧业，就股权收购事宜进行洽谈，但在蒙牛高管多次游说之下，以高丽娜为首的现代牧业管理层的反应并不那么热情。现代牧业管理层的股东显然是不愿放弃股权的，经过多次协商，蒙牛不得不以不菲的代价"曲线救国"，从外围投资机购 KKR（当时现代牧业的最大股东）和鼎辉入手。

4 "领证"对双方的影响

4.1 对现代牧业的影响

4.1.1 "被领证"前后现代牧业的股权结构

2008 年 7 月 7 日，现代牧业注册成立时的法人代表为邓九强，最大股东为占有 24.01% 股份的 KKR，从图 1、图 2 可以看出，现代牧业在初期的股权是相对分散的。

这种局面，在 2013 年被蒙牛打破了！2013 年蒙牛购买 KKR 与鼎辉所持有的现代牧业股份，交易完成后，蒙牛成为现代牧业单一最大及主要股东，持股由 1.078% 增至 27.99%，而 KKR 及鼎辉的持股则降至 3.52% 及 1.51%。从图 1 可以看出，蒙牛入股现代牧业并没有改变现代牧业股权分散的情况，但是 KKR 和鼎辉两大集团退出了现代牧业，蒙牛乳业则参与到现代牧业的内部控制管理。对现代牧业来说，蒙牛与现代牧业同样从事奶源产业，同一产业的介入将会怎样影响它的发展？这应该也是现代牧业当时考虑的问题。

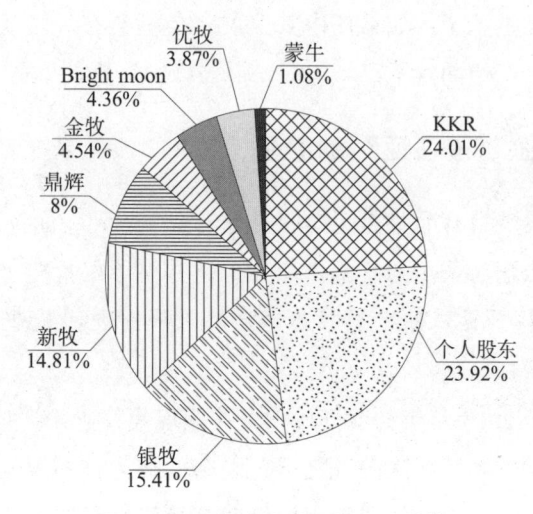

图 1　2008 年现代牧业股权结构❶

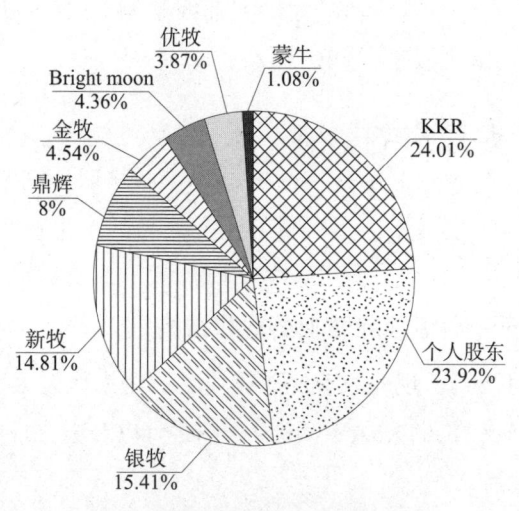

图 2　2010 年现代牧业股权结构❷

4.1.2 "被领证"前后现代牧业的财务绩效

2010—2012 年，现代牧业净利润持续增长，且涨幅一直在加大。2013 年，现代牧业被蒙牛收购后，销售收入 32.89 亿元，同比增加 61.67%，

---

❶ 数据来源：巨潮资讯网。
❷ 数据来源：同花顺财经网。

净利润 4.81 亿元，同比增加 17.67%。

蒙牛收购现代牧业后，二者也度过了一段"蜜月期"。2013—2014 年，现代牧业净利润出现了历史新高。蒙牛的收购增加了现代牧业的知名度，肯定了现代牧业的优质奶源，推动了现代牧业的原奶和自有品牌液态奶的销售。

2014—2016 年，受国外进口奶的冲击影响，国内乳制品消费低迷，现代牧业的营业额大幅减少。与此同时，进口大包奶粉价格下降，原奶厂家和牧场不堪低成本而出现了杀牛倒奶现象。2016 年，蒙牛提出难以履行此前与现代牧业签署的合同，至此现代牧业出现了上市以来的首次亏损。截至 2016 年 6 月亏损额为 5.6566 亿元，而 2015 年同期净利润为 5.07 亿元。作为现代牧业的大股东，蒙牛将自身业绩不佳的责任归结于现代牧业的亏损。此时，蒙牛与现代牧业的关系剑拔弩张，见图 3。

图 3　现代牧业财务指标折线图❶

4.1.3 "被领证"前后现代牧业的董事会结构

根据 2013 年年报显示，蒙牛增持现代牧业前后，现代牧业董事会结构并未发生较大变化，只在 2013 年非执行董事雷永胜退出了董事会。现代牧业的一些董事会成员本身就与蒙牛存在一定的关联。虽然蒙牛声称不会派管理人员进驻现代牧业，但现代牧业董事会的蒙牛系成员扮演了蒙牛对现代牧业的监督角色，见表 3。

---

❶ 数据来源：巨潮资讯网。

表3 2012年现代牧业董事会结构

职务	成员	备注
执行董事	高丽娜女士（副主席兼总裁）	
	韩春林先生（营运总经理）	
	孙玉刚先生（财务总监）	
非执行董事	于旭波先生（主席）	同时担任蒙牛乳业非执行董事兼副主席
	Wolhardt Julian Juul 先生	同时担任蒙牛乳业独立非执行董事
	雷永胜先生	
	许志坚先生	
	丁圣先生	同时担任蒙牛乳业执行董事
独立非执行董事	李胜利先生	
	李港卫先生	
	刘福春先生	同时担任蒙牛乳业独立非执行董事

4.2 对蒙牛的影响

蒙牛乳业针对此次并购事件在2013年年报中如是说：5月以约31.775亿港元增持现代牧业股本至约28%，成为其最大单一股东，保持在奶源的领先优势。现代牧业为中国领先的原奶供应商，其更是蒙牛最大的原奶供应商，在目前国内奶源紧张的情况下，增持现代牧业有助蒙牛加强对优质奶源的保障。

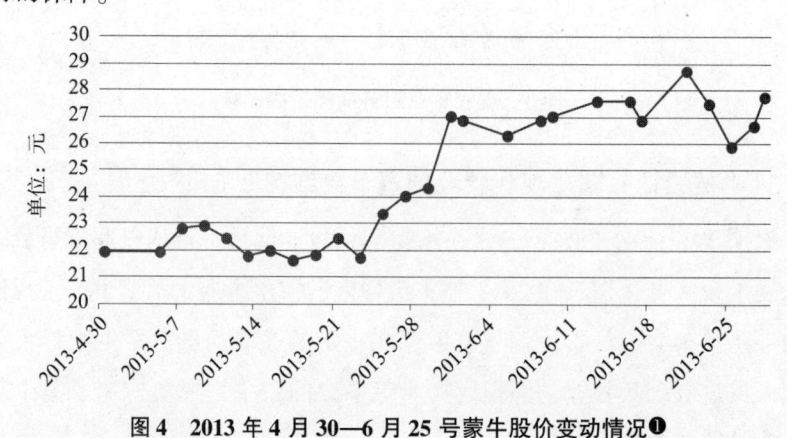

图4 2013年4月30—6月25号蒙牛股价变动情况❶

❶ 数据来源：新浪财经网。

现代牧业 2013—2015 年间可观的净利润收入，为单一最大股东蒙牛的净收入增添色彩，而蒙牛 5 月 8 号收购现代牧业前后的股价并没有较大变化，参见图 4。

5 "领证"后的"婚姻"管理

5.1 领证初的"磨合"

2013 年 5 月 8 日入股当天，蒙牛官方称："蒙牛将来仍会专注乳业生产销售环节。目前蒙牛不会考虑继续增持以及控股现代牧业。"

蒙牛入股之后的股权比例为 27.99%，虽然是单一最大股东，但并没有达到 33.35% 的完全控股比例。现代牧业现在的实际控制权在其创始人邓九强、高丽娜等高管手中。当时邓九强、高丽娜等 51 位高管和股东通过设立的特殊目的公司金牧公司、银牧公司、新牧公司和优牧公司共持有现代牧业 38.63% 股份。

现代牧业表示，蒙牛成为公司最大单一股东后，将会进一步巩固公司与蒙牛的战略合作，同时会保障蒙牛原料奶的稳定供应，与蒙牛于 2008 年签订的 10 年原料奶供应协议照常执行。

在管理层方面，蒙牛和现代牧业不约而同表示将会保持公司现有稳定团队并且保持独立运营。但是谈及现代牧业终端产品的发展，双方态度耐人寻味。蒙牛公关部称，未来是否继续发展现代牧业自有品牌产品将根据后者的经营情况而定，认为其"目前对现代牧业的收入贡献很低"；而高丽娜则明确表态："未来自有品牌会保留并会扩大市场。未来奶价也将按照市场规则确定。"可见二者对于现代牧业自有品牌液态奶的发展存在分歧，婚姻的"幸福"还需一定的磨合。

5.2 两夫妻相爱相杀

2016 年 8 月 22 日，现代牧业发布的半年报显示，受原料奶售价下跌影响，现代牧业由盈转亏，亏损额达到 5.6566 亿元，这是现代牧业上市以来首次发布亏损业绩。

现代牧业总裁高丽娜在9月份接受采访时表示,现代牧业出现亏损一方面是因为进口低价大包奶粉的冲击,更多企业宁可用低价奶粉加工还原乳,而不愿采用国内优质新鲜原奶加工;另一方面则是现代牧业的主要合作伙伴蒙牛未按合同完成原奶量收购。

颇具戏剧性的是,2016年8月24日,现代牧业的大股东蒙牛乳业发布2016年中报,称受联营公司现代牧业净利润由盈转亏和雅士利净利润大幅下滑的影响,蒙牛乳业上半年实现净利润10.77亿元,较去年同期的13.39亿元下滑19.5%。

"小两口"互相指责,硝烟弥漫。正在大家担心与蒙牛开撕后的现代牧业何去何从之时,剧情又一次反转了。

5.3 一日夫妻百日恩,蒙牛伸出援手

正所谓"一日夫妻百日恩","床头打架床尾和"!尽管二者相互指责,但是对亏损的现代牧业,蒙牛还是伸出了援手。2017年1月5日,蒙牛乳业与现代牧业在香港联合发布公告,蒙牛乳业将向Success Dairy II以每股1.94港元的价格收购16.7%的现代牧业股权,交易总金额约18.73亿港元。

此交易完成后,蒙牛持股将增加至39.9%,仍为现代牧业最大单一股东。但由于蒙牛持股比例高于30%,根据港交所的规定,这将触发强制收购要约,因此,蒙牛将以每股1.94港元的价格向现代牧业的所有股东发出要约。

蒙牛乳业公告称,本次收购的目的是为了确保蒙牛在高端乳制品市场的定位,支持发展低温乳制品,成为综合市场领先公司,拥有卓著能力控制整条价值链并进一步提升经营效益。

蒙牛乳业的新任总裁卢敏放表示,本次增持现代牧业股份,将使双方业已存在的业务合作关系更加紧密,实现双赢的目的,为双方股东的长远利益提供有力保障。奶源是乳品企业的第一道品质关口,不断提升奶源质量、保证高品质奶源供应一直是蒙牛的重要工作。与此同时,现代牧业总裁高丽娜认为,进一步强化和蒙牛的关系,将有助于现代牧业获得更稳定的产品输出渠道,从而使集团的业绩得到持续、稳定增长。

现代牧业 2016 年中报显示，由于国内消费增长缓慢，且遭遇进口大包奶粉的冲击，公司原奶对外销售价格从 4.5 元/公斤跌至 4 元/公斤，导致公司原奶业务收入下滑。上半年公司亏损 5.7 亿元，现金 EBITDA（Earnings Before Interest，Taxes，Depreciation and Amortization 的缩写，即未计利息、税项、折旧及摊销前的利润）为 6.5 亿元，较同期减少了 24%。这次蒙牛的增持能否扭转现代牧业的困局，有待市场进一步检验。

5.4 现代牧业落叶归根蒙牛

2017 年 2 月 3 日，蒙牛股东会表决了一项重要议案：继以 18.73 亿元增持现代牧业至 39.9% 后，再以每股 0.25 美元或 1.94 港元向现代牧业提出全购。结果以 91.5% 赞成、8.51% 反对的投票，获得通过。今后，现代牧业就是蒙牛的全资子公司，其他一众投资机构和投资者纷纷离场，12 年前为解决蒙牛奶源而创立的现代牧业，历经数个行业周期，终于落叶归根。

2017 年 3 月 7 日，蒙牛通过要约形式收购了现代牧业 20.1% 股权，加上此前一轮增持全面摊薄后的 37.8%，共计持股现代牧业 57.9% 的股权。一个月左右时间，能够要约收购超过 20% 的股权，并在距离截止日期还有 14 天时间就已经绝对控股，可以说，蒙牛此项全购战略已经落地，距离完成只待时日。

3 月 21 日下午 4 时，蒙牛要约收购现代牧业画上了句号，最终蒙牛及其一致行动人持股现代牧业约 61.3%，现代牧业回到蒙牛的怀抱。

正当大家准备欣赏"小夫妻"的恩爱戏码时，出现了戏剧性的一幕。5 月 19 日，蒙牛突然宣布发行一笔 2022 年到期、1.95 亿美元的零息可换股债券，换股价格为 2.1995 港元，而换股对象竟然是与蒙牛朝夕相处多年的现代牧业。也就是说，认购对象有权在 2022 年之前以 2.1995 港元的价格向蒙牛兑换 6.89 亿股现代牧业股份，占现代牧业已发行股本的 11.24%。对于蒙牛来说，则变相以 2.1995 港元的价格减持现代牧业。此举一出，犹如一记重拳狠狠地锤在了现代牧业的股价上，盘中跌幅一度达到 8.96%，当日跌幅 5.42%。蒙牛刚对现代牧业进行全面要约收购，就变相对现代牧业减持，蒙牛葫芦里究竟卖的什么药？截至完稿之前还没有更多信息，就让我们交给时间这条长河来见证"小夫妻"的后续发展。

6 尾声

中国奶业十三五规划指出，"支持加工企业自建、收购、参股、托管养殖场，提高自有奶源比例，促进一二三产业融合发展。"蒙牛收购现代牧业正是下游加工奶企收购上游奶源企业，形成全产业链模式。全产业链是以消费者为导向，涵盖了婴幼儿奶粉产业的上游饲料种植和饲料加工、奶牛的养殖、原奶收集、奶粉的生产加工、市场终端销售、售后的专业服务等一系列产业环节，通过实现全过程信息的可追溯，使得婴幼儿奶粉的质量安全问题得到根本解决。由此看来，奶源行业上下游企业的整合将有助于上下游企业利用双方资源，优化产业链结构，降低成本，同时提高双方企业的盈利。

蒙牛收购现代牧业后，由于两家公司的协同效应突出，既可保证上游原奶质量和市场份额，又可合作开发下游产品，增强下游乳品的市场竞争力。蒙牛从参股到控股、全购现代牧业，整合上下游产业链，统一原奶供应和乳品加工两个重要链条，保障了奶源质量，提高了企业整体对抗行业周期风险的能力。对现代牧业来说，借助蒙牛这艘巨轮，可以进一步加大优质奶源的规模化、标准化、集约化生产，扩大市场布局，提高产品质量和销量。现代牧业历经波折"落叶归根"蒙牛之后，二者是否都会向更好的方向发展，令人拭目以待！

文中涉及的政策法规注释

1.《关于进一步加强婴幼儿配方乳粉质量安全工作意见的通知》（国办发〔2013〕57号），国务院办公厅，2013年6月16日

落实企业首负责任。婴幼儿配方乳粉生产企业须具备自建自控奶源。任何企业不得以委托、贴牌、分装方式生产婴幼儿配方乳粉，不得用同一配方生产不同品牌的婴幼儿配方乳粉，不得使用牛、羊乳（粉）以外的原料乳（粉）生产婴幼儿配方乳粉。

2.《提高乳粉质量水平 提振社会消费信心行动方案》，工业与信息化部，2013年6月4日

引导婴幼儿配方乳粉优势企业实施强强联合、兼并重组，提高产业集中度。

3.《关于转发工业和信息化部等部门推动婴幼儿配方乳粉企业兼并重组工作方案的通知》(国办发〔2014〕28号),国务院办公厅,2014年6月6日

到2015年年底,争取形成10家左右年销售收入超过20亿元的大型婴幼儿配方乳粉企业集团,前10家国产品牌企业的行业集中度达到65%;到2018年年底,争取形成3~5家年销售收入超过50亿元的大型婴幼儿配方乳粉企业集团,前10家国产品牌企业的行业集中度超过80%。

兼并重组主体资格。以生鲜乳为主要原料生产婴幼儿配方乳粉,且所用奶源全部来自企业自建自控奶源基地。

支持兼并重组企业奶源基地建设。婴幼儿配方乳粉企业兼并重组后要加快配套奶源建设,大力发展企业自建牧场,确保企业生产所用奶源全部来自自建自控奶源基地。严格实施《奶牛标准化规模养殖生产技术规范(试行)》,加快奶牛场圈舍、挤奶厅和质量检测设施标准化改造。加快高产优质苜蓿示范基地建设,促进苜蓿基地与婴幼儿配方乳粉企业奶牛养殖基地相配套,提高奶牛养殖水平。促进上下游企业整合产业链,实现"奶源基地——生产加工——市场销售"一体化经营。

第三章　飞鹤乳业：并购之殇

摘　要：飞鹤乳业在 2014 年短短两个月内并购了关山和艾倍特两家企业，寄望于通过并购重组做大规模，然而一年后关山被检出质量安全问题，艾倍特被曝出产品与包装标签明示值不符的问题。飞鹤对被并购方采取的"保持独立经营"的不干涉政策遭受质疑，这种"并购只顾财务数据、不管质量控制"的行为，或将成为飞鹤重启上市之路的拦路虎。本案例通过分析被并购企业陕西关山乳业的羊奶粉质量安全事件，引导思考飞鹤乳业对并购后企业的管理存在哪些问题。

关键词：飞鹤乳业；关山乳业；企业并购；独立经营；食品安全

第三章
飞鹤乳业：并购之殇

引 言

2014年2月19日下午2点左右，户外的雾霾还没有消散，而飞鹤乳业大楼会议室内却是一片其乐融融，飞鹤乳业董事长冷友斌和关山乳业董事长李晓林相互交换合作协议书后郑重地签下了自己的名字。仪式结束后，李晓林将第一个电话打给了正在讲述陕西羊奶发展史的西安市乳业协会秘书长王伟民："签了，3个亿，70%的股权"，他简明扼要地说。王伟民高兴而激动地回复："我觉得把你们两家企业比喻成'东北鹤'和'西北羊'再合适不过了，资源互补，共同发展，乳企'圈地'，牛羊一个都不能少。"此时的冷友斌则站在落地窗前思绪万千，面对窗外川流不息的车辆，他仿佛看到了心中规划的蓝图，西北羊发展繁荣，反哺东北鹤，为自己在扩张产业链的同时助自己重启上市之路一臂之力，牛羊共谱佳话，引得世人羡慕……想着想着冷友斌的嘴角浮现了一丝笑意。然而希望总是美好的，却经不起现实的打击，理想终究是丰满的，现实却是骨感的。冷友斌怎么也想不到，有一天关山反而会成为飞鹤重启上市之路的阻碍……

1 飞鹤关山结姻缘，牛羊并举成佳话

1.1 东北鹤：飞鹤乳业

飞鹤乳业始建于1962年，迄今已有50余年的乳品生产历史。作为中国最早的奶粉生产企业之一，飞鹤乳业打造了一条从奶源到终端完全自主掌控的全产业链，成为我国目前唯一拥有全产业链的婴幼儿奶粉企业。2003年，飞鹤乳业正式登陆美国纳斯达克，成为中国第一家在美国上市的乳品企业。2009年，飞鹤乳业又成功转战纽交所主板，再次成为第一家且唯一一家在纽交所主板上市的中国乳企。

上市后好景不长，2009年12月，飞鹤股价一度跌破25美元；2010年4月，股价低于20美元，此后更是一路下探；到2010年8月25日，飞鹤

收盘价一路跌至6.64美元的历史最低。而之后美国对中国概念股的打压之势更使得飞鹤的价值被严重低估，飞鹤在美国资本市场的融资受到严重制约，且每年还要支付2000多万元的维护成本。于是，在2012年10月，飞鹤便开始着手准备退市计划，终于在2013年6月，飞鹤乳业董事长兼CEO冷友斌宣布，历经8个月在美国的退市工作终于完成。这也意味着，飞鹤的美国上市公司之名就此画上句号。飞鹤乳业集团总裁蔡方良却在飞鹤乳业从美国退市后公开表示："飞鹤乳业要结合资本市场的力量，把乳业的产业链做得更大，重新上市只是时间问题。"

在2017年伊始，就有知情人士称："飞鹤已经成立专门的上市工作小组，为今年赴港上市做准备。"自从飞鹤从美国退市后，关于飞鹤重新启动上市的消息就不绝于耳，但是究竟今年能否成功，值得我们拭目以待。

1.2 西北羊：关山乳业

陕西关山乳业有限责任公司位于陕甘宁交界的陇县，是国家认证的绿色食品生产基地。主导产品有"关山""瑞芙"系列牛奶粉，"莎能羊"系列羊奶粉、干吃奶粉、"秦羊"羊奶粉等；公司下设乳制品分厂、食品分厂、奶牛养殖分厂、蔬菜副食加工分厂等分支机构，形成了产、销一条龙的生产经营格局。

奶源地方面，关山乳业有着独特优势。在陕西省宝鸡市陇县境内，有一片57万亩的天然高山草原，地貌与中欧阿尔卑斯山相似，幽涧水泽兼具，草原森林相间，地势广阔，水肥草美，牧马、牛羊成群，景色秀丽。冬春无界，夏秋相连，很适合放牧，有"关山六月寒凝霜"的写照，享有"小天山"之美誉。这里有6万多头良种奶牛和数十万只良种莎能奶山羊，1998年被确定为奶牛基地和莎能奶山羊基地。这就是关山乳业拥有的关山牧场的真实写照。这里的草原不施农药、化肥，没有工业污染。有了良好的牧草，饲养牛羊就不愁。其中60%的奶牛和90%以上的奶山羊在纯净天然的关山高原牧场上户外放养，常年采食天然牧草，饮用山间流水，不打针不吃药，绿色有机奶源，不含残留物。因为关山乳业地处奶源基地，现代化的挤奶设施从牛、羊身上挤出鲜奶后，路上运输过程不超过半个小时，从鲜奶加工到制作成成品仅需120分钟。

1.3 飞鹤关山结姻缘

陕西和黑龙江，相隔2000多千米，2014年春节过后，国内乳品行业都在讨论一件大事：羊乳业龙头企业陕西关山乳业与牛乳业巨头黑龙江飞鹤乳业，历经半年的"恋爱"后，终于"成功牵手"。这成为2014年乳品行业兼并重组的第一件大事。

2014年2月19日，飞鹤乳业宣布以公司控股羊奶粉龙头关山乳业的方式达成战略合作初步意向，并购金额为3亿元人民币，成为国家兼并重组政策实施以来首家牛羊跨界合作的并购。并购完成后，飞鹤乳业将保持关山乳业的独立运营机制，同时将把自己运营多年的全产业链成功模式和经验移植到关山乳业乃至整个羊乳行业，并将投资建设奶源基地，由此开启了飞鹤、关山牛羊并举的新局面。

1.4 "东北鹤"为何恋上"西北羊"？

关山乳业是婴幼儿配方羊奶粉生产的龙头企业，飞鹤乳业则是牛乳企业的巨头。多年来，双方在各自领域里口碑不俗，质量过硬，即使各自为阵也均是行业内的佼佼者。那么，远在黑龙江的"东北鹤"又为何会恋上地处陕西陇县的"西北羊"呢？

1.4.1 国家新政牵红线

数十年来，关山与飞鹤各居祖国西北、东北两地，在各自发展过程中，相互倾慕已久。但双方正式进入"恋爱期"，却是在并购的半年前。2013年6月20日，食品药品监管总局等9大部委联合发布了《关于进一步加强婴幼儿配方乳粉质量安全工作的意见》（以下简称《意见》），《意见》提出，婴幼儿配方乳粉生产企业须具备自建自控奶源，对原料乳粉和乳清粉等实施批批检验，确保原料乳（粉）质量合格。并强调指出，"任何企业不得以委托、贴牌、分装方式生产婴幼儿配方乳粉，不得用同一配方生产不同品牌的婴幼儿配方乳粉，不得使用牛、羊乳（粉）以外的原料乳（粉）生产婴幼儿配方乳粉"。而在此之前，2013年6月4日，工信部就出台了《提高乳粉质量水平提振社会消费信心行动方案》（以下简称

《方案》），提出开展为期3个月的婴幼儿配方乳粉企业质量安全专项检查，淘汰一批不符合国家产业政策和质量安全保障条件不达标的企业（项目）。6月18日，工信部召集127家奶粉企业开会，讨论《方案》实施细则，要求引导婴幼儿配方奶粉优势企业实施强强联合、兼并重组，提高产业集中度。新政出台后不久，蒙牛便并购了雅士利。对此工信部表示政府鼓励类似的企业兼并重组案例，同时明确表态，将大力推动国内婴幼儿配方奶粉企业的兼并重组工作，争取用2年时间形成10家左右年销售收入超过20亿元的知名品牌企业，用5年时间将现有的128家婴幼儿奶粉生产企业整合保留至大约50家。

在新政出台的大背景下，国内的乳企加速洗牌，而有着扎实市场基础和实力强的企业成为并购中的受益者。2013年，飞鹤乳业进入到工信部、中乳协推荐的第一批受国家政策鼓励扶持企业的名单中。飞鹤乳业董事长冷友斌就曾表示，国内奶粉企业兼并重组的时机已经到了，对于飞鹤而言，具有品牌和渠道优势、有自身价值的企业将是其重点考虑并购的企业。2014年1月14日，飞鹤乳业宣布全面并购吉林艾倍特乳业，就是看中了其不可复制的地缘优势、自有牧场的奶源优势以及强势的婴童渠道。与此同时，羊乳界龙头关山乳业早已是飞鹤相中的"对象"。几经深入洽谈，飞鹤更加有意牵手关山。

1.4.2 地方政府促姻缘

其实陕西省宝鸡市政府在这场并购中也扮演了很重要的角色，政府在这场并购中附加了关山牧场，这代表飞鹤又拥有了一个优质奶源地。与牛奶粉行业相同，在羊奶粉行业中，掌握奶源同样等于掌握了羊奶的天下。在此次飞鹤并购关山乳业的过程中，奶源地曾成为牵动飞鹤视线转移的一个亮点。在关山乳业公开的资料上，有一段介绍内容是"关山乳业拥有一个57万亩天然关山牧场，有数万头良种荷兰乳牛和莎能奶山羊"。可见宝鸡市政府在此次并购中诚意十足，这对飞鹤关山的联姻也起到了很大的作用。

当地政府作为引导者的身份，对飞鹤表示了欢迎，但其实政府也是下了一手好棋。宝鸡市政府一则看重这场并购可以加快关山乳业自身的发展,从而使陕西的羊奶粉更加出名,以打开全国市场;二则希望西北羊和东北鹤的结合可以促进宝鸡市甚至陕西省的经济发展。

1.4.3 羊奶市场潜力大

如今的陕西羊奶粉拥有35亿人民币的市场份额,从2008年至今,至少涨了7倍。冷友斌也正是看到了这种前景,才有了涉足羊奶行业的想法。飞鹤另辟蹊径从羊奶粉市场进军高端市场,也不失为一种良策。飞鹤能够牵手关山,主要看中了关山羊奶粉的市场知名度和市场占有率。

从营养结构来说,饮用羊乳符合中国人的体质需要,饲养奶山羊符合中国国情。山羊奶的营养成分最接近母乳,山羊奶中的脂肪酸组成和糖类、维生素构成与人乳成分相似,有利于人体消化吸收。与此同时,奶山羊单只价格不足奶牛价格的1/5,适合奶农投资,饲养一头奶山羊比饲养一头奶牛要节粮、节水,对环境污染也小。因此,羊奶粉的养殖和市场销售将占据婴幼儿配方乳粉的重要市场,而牛羊并举将成为乳业发展的必然趋势。

1.4.4 关山发展遭困局

陕西是发展奶山羊产业的福地,目前,陕西羊奶在全国婴幼儿奶粉市场份额中已占到5%左右,而且未来国内羊奶市场可以发展到100亿元以上的规模。但是近年来关山羊奶粉在市场上一直供不应求,企业囿于奶源基地和产能所限,发展受阻,向前迈进也举步维艰。所以关山寄希望于实力雄厚的飞鹤涉足羊乳行业后帮助关山乳业突破目前面临的发展瓶颈,这次并购将极大程度地创新羊奶市场格局,推动国内羊奶产业链品牌的完善与提升。

相同的价值观、相似的企业背景让这对牛羊组合格外"惺惺相惜"。牵手成功后的东北鹤为表心意,对西北羊说:"我会给你绝对的自由,往后的日子我不会干涉你的事业,保持你的独立经营,同时,我还会将全产业链模式和经验移植给你,以提升羊乳产业的规模化发展,联合打造羊乳产业的市场繁荣。"这看似直抒胸臆的喊话,其实却暗藏了很多危机,并购之后的西北羊和东北鹤去向何方,让整个乳业都为其捏了一把汗。

2 西北羊惹祸上身，东北鹤难辞其咎

2015年1月16日，陕西省千阳县新绿奶业专业合作社及3家自主经营的牛场负责人将近5吨牛奶运至陇县飞鹤关山乳业。在双方交涉未果的情况下，牛场负责人将鲜奶倒进该乳业门口的下水道中。而在此前一天，牛场负责人将近10吨牛奶运至飞鹤关山乳业，在检验合格、过磅称重、付款后，关山乳业将这10吨鲜奶倒进了下水道。这次倒奶事件的起因复杂。关山乳业与千阳县奶农合作社的合同签订日期是从2013年8月23日至2015年8月23日，而倒奶事件发生时距离奶农和企业的合同期满还有7个多月时间。然而，由于飞鹤乳业在2014年年初并购了关山乳业，使得关山已经转型生产羊奶制品，对牛奶的需求越来越少。于是在2014年8月，奶厂工作人员去奶农家收奶时，就已经多次口头通知奶农，关山乳业将逐步减少对牛奶的收购，并将在2014年年底彻底终止。关山原定2014年12月29日停止并购千阳县340余户奶农的牛奶，但是也考虑到了奶农的接受程度，后经多次磋商，延期收购至2015年1月15日。但是从2015年1月19日起，飞鹤关山仍按之前的协议价收奶，却不会用于生产，而是倒掉。因为飞鹤关山主营羊奶粉业务，与目前市场上供给的牛奶并不匹配。

就在倒奶事件发生之后的半年，关山又惹上了新的麻烦。2015年6月23日，国家食药监总局发布公告，在第二阶段婴幼儿配方乳粉专项监督抽检中，发现7个批次婴幼儿配方羊奶粉不合格，涉及陕西关山乳业、西安关山乳业以及陕西圣唐乳业泰龙乳业有限公司3家企业。相关通报显示，飞鹤乳业子公司之一的陕西关山乳业有2个批次婴幼儿配方羊奶粉中硝酸盐不符合食品安全国家标准的规定限量。硝酸盐本身对人体无害或毒性相对较低，但人体摄入的硝酸盐在细菌的作用下会还原成亚硝酸盐，亚硝酸盐对人体的毒性就相对较大了。另有3个批次硒含量也不符合食品安全国家标准，而硒是婴儿配方乳粉食品安全国家标准中规定需要添加的营养元素。

国家发布公告的当天下午，陕西飞鹤关山乳业有限责任公司就对外召开了发布会认错致歉，公布此次产品不合格的原因。关山乳业指出，经过

内部全面排查，目前确认是酸性食品设备清洗剂（硝酸）和碱性食品设备清洗剂（氢氧化钠）在生产清洗环节因操作失误，导致酸碱清洗液渗漏进入浓缩奶罐，反应产生硝酸盐，致使上述2个批次产品硝酸盐指标不合格。因供应商所供原材料中复合营养强化剂硒含量不稳定，导致出现上述3个批次产品的硒含量不合格。当天晚间，飞鹤乳业发布紧急公告称：经研究决定，对关山乳业生产副总及相关涉事人员进行停职调查，无条件召回所有相关问题批次产品，并派驻整改工作组，关山配方羊奶粉生产线全面停产整改。与此同时，关山乳业在官网上公布此次硝酸盐超标的2个批次产品，提醒消费者马上停止使用产品。

祸不单行，艾倍特也出问题了。国家食药监总局2016年2月26日发布通告称，2015年11月30日—12月2日，国家食药监总局对吉林飞鹤艾倍特乳业有限公司的生产许可条件保持情况、食品安全管理制度落实情况以及国家监督抽检不合格产品的追溯、召回、处置情况进行了食品安全审计，发现吉林飞鹤艾倍特乳业有限公司在保持生产许可条件、原辅料采购、生产过程控制、物料储存防护、检验管理等方面都存在问题。

其实，早在2014年，吉林艾倍特乳业就曾被国家相关部门检出部分批次产品与包装标签明示值不符。虽然不是食品质量安全问题，但飞鹤并购的企业屡登黑榜，业内人士认为这直接反映了母公司的监管漏洞，及其对被并购企业一直采取的"保持独立经营"的不干涉政策。那么飞鹤对被并购企业采取的独立运营政策是否存在问题呢？

3　事件频出看背后，飞鹤整合引思考

对于此次关山乳业倒奶事件以及羊奶粉质量安全事件，飞鹤乳业对关山乳业在并购后采取的管理模式遭受质疑。飞鹤乳业在2014年的两起并购中均承诺"被并购方保持独立运营"。所以有人认为，飞鹤乳业并购关山乳业、吉林艾倍特乳业的真实目的，是为并购后合并报表做大规模、体现良好的财务数据，或者为了自己重启上市之路，增强资本市场的力量，扩大公司产业链。

那么，到底什么是独立经营呢？独立经营是指分公司在直属总公司

专门委员会的领导下，总公司除了提供必要的资金和审议其发展方向外，不干涉其任何经营活动，分公司独立核算，自负盈亏，独立承担民事责任。

独立经营应用于此起飞鹤并购关山事件中就是飞鹤为了加快推动整合工作，派出财务人员深入关山内部，并且其他相关部门人员也频繁加强交流，但是对于关山平日的生产经营管理则由其自行决策。比如2015年年初发生的倒奶事件，其实关山在被并购后已经明确自己的发展立场就是主攻羊奶粉市场，而对于和飞鹤重叠的牛奶粉业务则选择慢慢淘汰，但在淘汰的过程中，关山忽略了当初为自己提供牛奶源的那些农户。之所以飞鹤乳业在黑龙江没有发生奶农倒奶事件，因为其黑龙江厂是一类企业，对奶源的控制非常强，而飞鹤关山乳业属于三类企业，在奶源控制方面相对较弱。倒奶事件出现后，可以看出关山自身在奶源控制方面存在问题，但是作为奶源控制相对出色的飞鹤来说并没有将自己的这种优势经验传授给关山，关山在经营过程中存在的问题，飞鹤也没有派出专家为其进行指导纠正。虽然此次倒奶事件并未给飞鹤抹黑，但是也让关山多了额外的财务支出。此外，作为"50年零问题"的飞鹤在并购关山后反而被关山的质量安全问题拖累了。因为独立经营，飞鹤并没有将自己在质量安全方面优秀的管理体系传承给关山，对关山自身的原辅料采购、生产过程质量控制、物料储存防护等方面存在的问题也没有进行培训管理，而只是将全产业链模式和经验移植到关山乳业中，只是宏观提供，对于是否存在模式经验的水土不服也没有进行细节的把控。

3.1 当初独立为哪般

3.1.1 差异化优势的体现

首先，飞鹤乳业和关山乳业两家公司相隔甚远，又同样是拥有50多年历史的大品牌，自身拥有独特的发展历程以及发展优势，凭借各自的差异性在东北市场以及西北市场闯出了一片天地。其次，关山乳业拥有羊乳行业的生产和渠道资源，而并购初期飞鹤自身没有生产羊奶粉的经验，对奶源地的管理尚未形成清晰的脉络，对于羊奶粉市场的管理经验不足，对市场资源的分析也处于劣势，处于懵懂的状态。所以短时间内使关山乳业内部保持人员、机构、业务的独立，同时减少对关山的干预，使其内部的决策以及行动保持一定程度的自主权及独立性，重大决策方面仍由飞鹤乳业决定，不失为一种良策。若在并购不久就对其企业内部全权接管，将不利于关山员工积极性的维持以及关山乳业的稳步发展。

3.1.2 成本优势的体现

关山乳业保持独立运营，也是飞鹤出于节约自身成本的考虑。2014年7月前后，陕西飞鹤关山乳业10万只奶山羊养殖场建设项目顺利启动。计划中的一期内容，是在陇县筹建占地1000亩的规模化牧场1座，养殖奶山羊5万只，配套建设饲料加工厂、有机肥加工厂、屠宰分割工厂等。二期工程筹建占地1000亩的规模化牧场1座，养殖奶山羊5万只，使整个养殖规模达到10万只。之后飞鹤关山的主要动作就是筹建这2个牧场，并且在2015年1月，2个牧场均已接近完工。

虽然飞鹤在接收关山乳业后对其投资建设了奶源基地，但后续的管理以及投入生产均由关山乳业自行安排，由此节省了大批量的人力、物力及管理费用。另外，虽然关山乳业名义上被飞鹤乳业并购，但关山乳业更希望与飞鹤乳业采取合作的模式，而不愿意所有的业务被飞鹤所掌控，所以关山乳业也倾向于保持企业生产经营的自主性。

3.2 而今独立难应愿

独立经营近一年的关山乳业便出现了食品安全事件，冷友斌谈及此事对飞鹤乳业的影响时，不禁想起当初飞鹤对关山的美好愿景，本想靠着关山的羊奶粉开拓市场，未曾想却把自己带进了这趟浑水。原本从2012—2014年直线上升的营业收入也在并购关山的第一年里首次出现了下滑。其主要原因就是飞鹤对子公司采取独立经营模式，对奶粉质量缺少严格的监控，没有建立完整的监控体系，从而形成了牵一发而动全身的效应。如今在国家监管力度空前加强的环境下，奶粉企业还要面临渠道转型和产品升级的双重压力。不进则退，一旦发生任何问题，都有可能拖累公司整体前进的脚步。飞鹤乳业2012—2015年营业收入变化趋势见图1。

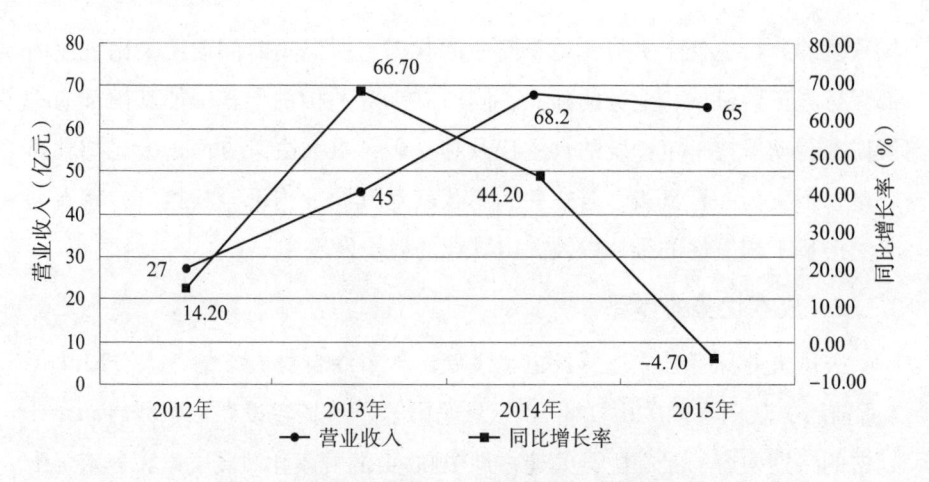

图1 飞鹤乳业2012—2015年营业收入变化趋势

而关山乳业也未幸免于难。从图2关山乳业的财务数据可以明显地看出，2013年关山乳业销售收入为13.8亿元，但是2014年销售收入仅有3亿元。相较于被并购之前，销售额下降有10亿之多，总营收增长率也处于下降趋势。由于关山乳业属于非上市企业，我们无法掌握公司的全部财务数据状况，但从营业收入的变动趋势，不难看出被并购后关山乳业的盈利能力出现了一定问题。

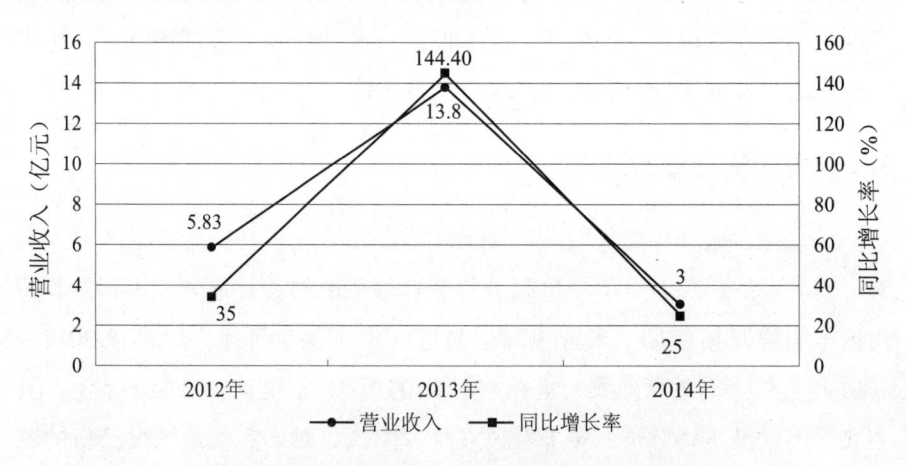

图2 关山乳业2012—2014年营业收入变化趋势

3.3 未来独立恐难行

2015年关山乳业被曝出质量安全问题后，公司一段时间内处于临时停产状态，全面进行整顿，对销售额也产生了很大冲击。此次关山羊奶粉质量安全问题事件也给了飞鹤乳业一记警告。

关山乳业食品安全事件的发生，说明飞鹤乳业并购前后的整合工作出现了问题。同时也说明，在行业大洗牌中，一些大企业试图通过并购中小企业来扩张规模，存在着一定的风险。这些中小企业可能存在产量、生产、管理、品控、质量等方面的漏洞，如果大企业不能监管到位、尽快整合，被并购企业就可能出现食品安全问题，也会给并购方带来负面影响。

奶粉企业正面临市场信任危机和产品升级的双重压力。飞鹤乳业应该做的是强化产业链的控制，不能因为对业绩的追求而忽视每一批次产品质量的把控。作为飞鹤来说，这次事件无疑抹黑了自己辛苦经营了几十年的质量口碑。经历了召回事件的关山应该也认识到了自身的问题，它不仅在第一道关口进货渠道没有把好关，而且生产过程也疏于管理，甚至最后一道自检程序都没能发现问题，其责任不容推卸。原本西北羊的牧场基地可以助东北鹤在羊奶粉市场一展宏图，怎么也不可能走到两者业绩都下滑的地步。所以独立经营、放任生长不应该是东北鹤对西北羊做出的正确举措。

4 尾声：东北鹤、西北羊情归何处？

在顺应国家奶粉新政的浪潮下，乳企纷纷拓张疆土，并购成为它们"圈地"最直接的方式。飞鹤顺势而为、伺机而动地选择并购了关山乳业，然而并购成功不等于并购整合后的成功。这种所有权和经营权分离的独立经营模式不仅弱化了质量管理体系，还拖累了飞鹤乳业的整体品牌信誉。如果东北鹤可以早日将自身在奶粉质量管控方面的经验运用到西北羊以及其他子公司，也许类似食品质量安全问题产生的概率会大大减少。

此外，你好我好才是大家好，因为飞鹤并购了关山，就要对它负责，并不能单纯地将关山作为自己扩张财务数字的工具。换一种思路想，如果当初飞鹤能够亲力亲为，处处环节为西北羊做到尽善尽美，加之羊奶粉市场的巨大空间，利用羊奶粉冲击高端市场的方式也未尝不可，或许真的能够做到冷友斌一开始规划的那样，西北羊反哺东北鹤，在开拓疆土的同时上市指日可待。

由此可见，飞鹤在处理与关山后续的生产合作中存在问题，换言之，并购后的整合阶段才是飞鹤应该重点布局的方向，同时也让我们思考这种大肆圈地的乳企未来的整合阶段该如何进行。首先，要对并购整合有具体的认识，制定恰当的整合策略，明确在哪些方面需要整合，整合的具体方法和目标；其次，应该建立一个专业团队来实施并购整合策略；再次，在并购整合的过程中要重视财务、人力和文化方面的整合，其中文化整合是整合工作的核心，需要投入大量的精力和时间；最后，并购整合要围绕企业的并购目标来进行，提高并购绩效。

未来的这对牛羊组合情归何处，恐怕需要东北鹤审视自己过去的并购管理模式，也需要西北羊检讨自己的过失，重新在牵手的道路上走下去。

5 事件最新进展：私有化 4 年后飞鹤重启 IPO

2017 年 5 月 17 日晚间，飞鹤在港交所提交上市相关材料，这意味着此前飞鹤多次被传上市的消息坐实。继从美国纽交所退市 4 年后，飞鹤重启 IPO 之路。招股书显示，2016 年飞鹤营收 37.24 亿元，净利润 4.06 亿元。就零售额而言，飞鹤是最大的国有品牌婴幼儿配方奶粉公司，在国内品牌中占据 16.9% 的市场份额。香港是一个开放且成熟的资本市场，多年来得到国际投资者的广泛认可，飞鹤赴港上市有利于公司的业务国际化进程，提升公司形象，引入高质量国际投资者，增强公司发展的资本。飞鹤表示，相应的上市安排与相关事项一直在公司的计划之中，会按部就班地推进。

第四章 恒天然携手贝因美：
"强强联合"成"抱团取暖"？

摘　要：恒天然，一个新西兰的奶源巨头；贝因美，一个国内奶粉加工企业的领导者，两者的结合可谓天造地设，互惠互利，强强联合。然而，双方携手的结果却是贝因美业绩遭遇断崖式下滑。本案例详细描述了恒天然与贝因美合作的过程以及贝因美业绩下滑的原因，引导思考在国内婴幼儿配方乳粉新政不断推出的背景下，奶源企业与加工企业的合作能否形成强强联合，以及中外资乳企合作的前景如何。

关键词：恒天然；贝因美；强强联合；抱团取暖；业绩承压

第四章
恒天然携手贝因美："强强联合"成"抱团取暖"？

引 言

恒天然，新西兰乳业巨头，在进入中国市场的过程中屡屡受挫，又受困于肉毒杆菌乌龙事件，在业内饱受质疑。贝因美，国内知名的婴幼儿乳粉企业，众多妈妈的选择，自然成为恒天然牵手的选择。恒天然在频频受挫中急需寻找一个互帮互助的中国合作伙伴，于是盛极一时的贝因美进入了恒天然的视线，一来二去之后，贝因美也相中了恒天然这个强有力的合作伙伴。2014年8月，双方宣布进行全球合作，并公布了合作的三阶段：恒天然入股贝因美；贝因美销售恒天然自有品牌安满；恒贝合资收购达润。于是，恒贝合作开始如火如荼地进行，2015年3月，恒贝合作完成第一阶段，恒天然成为贝因美第二大股东；2015年10月，贝因美开始为恒天然分销安满产品；2016年10月，收购达润工厂这一最后阶段完工，至此，双方的合作正式宣布完成。整个过程似乎一气呵成，但贝因美在整个过程中的业绩却遭遇断崖式下滑。本来是互惠互利的美好结合，人人看好的合作共赢，最终结果却让众人无法理解。奶源与加工企业的合作怎么来看都是羡煞旁人的一对组合，难道恒天然与贝因美的合作真的从"强强联合"转为了"抱团取暖"？让我们坐等开幕……

1 战略入股双方主体介绍

1.1 贝因美的发展历程

贝因美全称贝因美婴童食品股份有限公司，成立于1992年11月，总部位于浙江杭州，是中国大陆婴童产业的开创者、领跑者及最大规模企业之一，业务方面主要涉及婴儿产品及服务。贝因美的使命是通过持续研发、制造、经营科学安全的孕婴童产品以及温馨、专业、亲切的母婴服务，以爱的企业精神，帮助中国宝宝和全球儿童健康成长。贝因美发展历程详见表1。

表 1 贝因美发展历程

时间	事件
1992 年	贝因美成立,婴幼儿素食营养米粉在中国长三角地区上市
1995 年	进军全国市场
1998 年	初步建立全国营销网络
2000 年	并购吉林敦化儿童营养食品厂
2001 年	正式进入中国婴儿配方奶粉市场;BEINGMATE 国际特许连锁样板店在杭州开张
2002 年	试办贝因美育婴中心,成为中国最早探索早期教育和养教一体化者
2003 年	杭州工厂再次扩建,"贝因美婴童生活馆"全球实验店在杭州开张
2004 年	收购杭州美丽健乳业,正式跨入液态奶领域
2005 年	兼并"中国奶牛之乡"黑龙江安达本地乳品企业,成立黑龙江贝因美乳业有限公司,正式将奶粉制造基地设立在北纬 45 度以上、国际公认最佳养牛带;湖北宜昌、广西北海工厂同时兴建
2006 年	中国市场断奶期食品市场占有率第一;并购安徽益益乳业
2007 年	获评最佳雇主企业和最具社会责任感企业
2008 年	贝因美婴童生活馆全球概念店在北京开张 "冠军宝贝训练营"在贝因美婴童生活馆全球概念店开营 贝因美安达工厂一期工程竣工投产,二期工程奠基开工 杭州国际婴童产业园首个项目——贝因美年产 6 万吨配方乳粉生产基地在钱江经济开发区正式签约 贝因美通过国家质检总局三聚氰胺专项检查 贝因美北海工厂年产 2 万吨液态奶项目工程竣工竣产 贝因美发布中国婴童行业首部企业社会责任(CSR)绿皮书
2009 年	贝因美发布《亲子文化蓝皮书》,正式向全社会发出了重塑亲子文化的讯号 贝因美北海基地二期项目通过国家质检局 QS 生产认证
2010 年	贝因美在"新浪 2009 婴幼行业网络盛典暨行业高峰论坛"荣获"最受消费者信赖品牌奖""最具社会责任企业奖""最受网友喜爱品牌奖" 在国家质量监督检验检疫总局公布的 2009 年产品质量国家监督抽查质量公告中,贝因美经抽检指标均为合格
2011 年	贝因美顺利通过新 QS 的现场审查,获得婴幼儿配方乳粉和"调制乳粉"(特殊配方乳粉)生产许可证 4 月 12 日贝因美(股票代码 002570)在深交所挂牌上市,是迄今为止国内 A 股唯一的婴童食品公司

第四章
恒天然携手贝因美:"强强联合"成"抱团取暖"?

续表

时间	事件
2012 年	贝因美与全球知名食品公司爱尔兰 Kerry 集团达成全球国际战略合作 "贝因美 BEINGMATE"注册商标被国家工商行政总局认定为中国驰名商标
2013 年	贝因美在第四届中国食品安全高层对话论坛获最信赖品牌奖
2014 年	贝因美以华人配方、国际品质亮相由中国乳制品协会主办的国产婴幼儿配方乳粉新品发布会 贝因美婴童食品股份有限公司率先通过婴幼儿配方乳粉生产许可审查,下属四大生产基地全部获得新版婴幼儿乳粉生产许可 贝因美和恒天然宣布将建立全球伙伴关系,并正式签署《战略合作协议》 贝因美安达工厂三期工程竣工,实现年产 10 万吨世界级配方奶粉产业基地的目标 贝因美被授予"中国蛟龙号科考合作伙伴"称号 贝因美儿童奶被指定为"中国蛟龙号潜航员选用产品"
2015 年	贝因美成为首家中国"2015 意大利米兰世博会官方赞助商" 贝因美绿爱+奶粉荣获"2015 意大利米兰世博会指定婴童产品" 4 月 17 日,公司下属全资公司爱尔兰贝因美出资 1000 万欧元,认购中法(并购)基金开展对外投资。同时,公司以现金 1.17 亿元收购敦化美丽健乳业有限公司 65% 的股权,成为其控股股东 贝因美通过国家食药监总局婴幼儿配方乳粉年度抽检 冠军宝贝俱乐部特选鲜享装在安达上市,贝因美宣布与中国邮政速递物流股份有限公司达成战略合作,开启鲜享直通车

1.2 事件前贝因美的股权结构

2013 年年底,贝因美集团有限公司持有贝因美 256640589 股股票,持股比例为 40.16%,为贝因美的控股股东。J. V. R INTERNATIONAL LIMITED 这一境外法人持有贝因美 37012500 股股票,持股比例为 5.79%,而其他持股股东持有股份比例均较少,这样看来,贝因美的股权结构是比较集中的。贝因美的实际控制人为谢宏,曾担任过贝因美的董事长和总经理。2013 年贝因美集团公司进行了股权转让,转让完成后,谢宏持有贝因美集团有限公司 63.04% 的股权,而贝因美集团公司又持有贝因美 40.16% 的股权,因此谢宏为贝因美运营背后的实际操控者。具体股权结构和产权关系详见图 1、图 2。

图1 2013年贝因美股权结构❶

（饼图数据：
贝因美集团有限公司 40.16%
其他股东 50.24%
CEL BABY FOOD INVESTMENTS LIMITED 1.10%
SEABRIGHT CHINA BABYPRODUCTS COMPANY(HONG KONG)LIMITED 1.10%
中国工商银行-景顺长城精选蓝筹股票型证券投资基金 1.61%
J.V.R INTERNATIONAL LIMITED 5.79%）

谢宏 → 63.04% → 贝因美集团有限公司 → 40.16% → 贝因美婴童食品股份有限公司

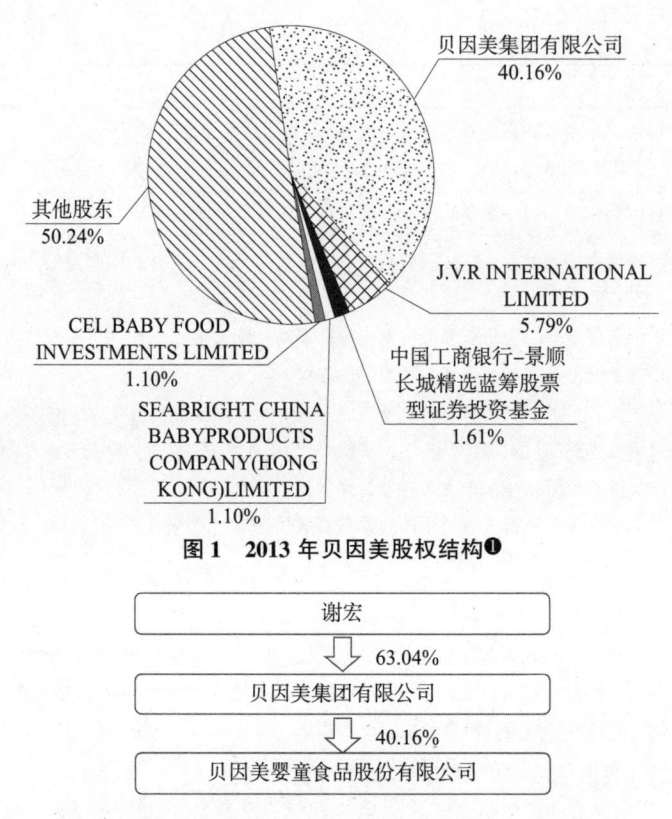

图2 2013年贝因美与实际控制人间的产权及控制关系

1.3 恒天然集团的发展历程

恒天然集团（Fonterra Co-operative Group）也称恒天然合作社集团有限公司，成立于2001年10月，是一家总部位于新西兰、由10500位乳农拥有股份的合作社企业，主营业务为乳制品原料及消费乳品的生产及销售。恒天然集团作为全球最大的乳制品加工企业，年产逾200万吨乳品原料、增值原料、特殊原料和消费乳品。它在新西兰拥有26个生产基地，在澳大利亚设有12个生产基地，在世界其他地区还有50个生产基地，凭借庞大的生产能力，年收奶量高达200亿升左右，向全球140多个国家提供高品质的乳制品。作为全球乳品营养的领导者，恒天然集团不仅是世界各

---

❶ 数据来源：巨潮资讯网（图2同）。

恒天然携手贝因美："强强联合"成"抱团取暖"?

大食品公司首选的乳品原料供应商，同时，在大洋洲、亚洲、非洲、中东地区和拉丁美洲，其自有品牌的乳制品亦在消费乳品行业占有领先地位，是新西兰国内最大的公司，也是世界上第六大乳品生产商。恒天然集团在中国的发展历程详见表2。

表2 恒天然集团在中国的发展历程

时间	事件
2001年10月	成立恒天然合作集团
2007年	在河北省唐山市建立恒天然牧场；与三鹿共同投资建造汉沽农场
2008年	三聚氰胺奶粉事件爆发，恒天然旗下奶粉品牌退出中国市场
2009年8月	安怡和安满重新在中国市场上市
2010年	在河北省玉田县投资新建一家牧场
2011年	2011年7月，宣布在河北省玉田县将新建第2个牧场 安怡开始在江苏省南京、无锡、苏州、常州、扬州、镇江、泰州以及南通8个城市上市
2013年	恒天然集团产品被检出肉毒杆菌，系乌龙事件
2014年	达能宣布终止与恒天然公司现有的供货合同 恒天然遭国家发展和改革委员会反垄断调查，罚款435万元 新西兰政府初级产业部宣布就去年乳制品污染事件，对恒天然公司提出4项违规裁定
2015年3月	成功收购贝因美18.82%的股份，双方正式建立伙伴关系
2016年	宣布与天猫生鲜达成战略合作 宣布与中国银行签署合作协议

2 恒天然贝因美合作过程

两大主体介绍完毕，双方的好戏便正式上演。新西兰最大的奶源企业恒天然进入中国市场坎坷不断，苦苦寻觅可以携手的中国伙伴，打开自有品牌在中国市场的销路。徘徊之际，相中了当时耀眼夺目的贝因美。而此时的贝因美也在暗自审视自己的成长过程时，发现自己缺少优质、低廉的原料来源，于是乎也希望能找到一个帮助其完善短板的合作伙伴。恒天然和贝因美相遇，难免惺惺相惜，自此开始了一段佳话，见表3。

表3 恒天然与贝因美合作过程

2014年1月8日	商务部批复恒天然入股贝因美
2014年6月19日—9月8日	贝因美停牌
2014年8月27日	贝因美宣布与恒天然建立全球伙伴关系
2015年2月12日—3月13日	收购期限30天
2015年3月18日	完成收购过户手续，恒天然以18元/股的价格收购了贝因美公司18.82%的股权，成为其第二大股东，收购成本约34.64亿元
2015年10月13日	贝因美董事会通过了与恒天然的关联方进行安满产品合作的议案
2016年10月19日	贝因美与恒天然办结了关于达润工厂51%的权益资产过户手续，正式完成本次收购的交割工作

2.1 恢复单身：恒天然惨遭离异，苦觅良友（1970—2013年年底）

中国市场这块香饽饽一直是众多乳企争夺的焦点。恒天然也不例外，早早便看上了中国这个巨大的市场，成为早期为数不多的进入中国的国外乳企之一。要说恒天然与中国市场的渊源可要追溯到20世纪70年代，当时的恒天然还未完全成型，还是众多未合并的新西兰合作社，我们姑且称之为恒天然前身。当时新西兰最大的海外市场英国准备要加入欧洲经济共同体，总管这些合作社的新西兰乳品总局开始寻找新的市场，于是就选中了中国市场，首先是在中国设立了进口业务，于21世纪90年代将消费乳品安满和安怡推向市场，2007年在中国河北省唐山市建立首个牧场，其作为恒天然在中国的示范牧场，证明了在中国也能生产出新西兰标准的牛奶。看起来好似开了个不错的头，但纵观其后的发展，恒天然深耕中国多年，但旗下产品安满和安怡却并没有获得消费者的认可，相反，达能、雀巢等外资品牌后来居上，恒天然仍然只是以原料供给为主，同时，恒天然在中国的业务也接连遭遇重大打击。

进入中国市场后，恒天然便苦苦寻找一个可以依托的中国伙伴，试图借这位伙伴的手点亮自己的名声。终于功夫不负苦心人，2005年，恒天然与中国当时盛极一时的三鹿集团顺利联姻，签署合资协议，注资8.6亿元人民币迎娶三鹿，获其43%的股份，成为其第三大股东。次年，双方的合资公司正式运营。合作过程虽磕磕绊绊，但也还算过得下去。但三鹿终究不是恒天然可以白头的伴侣，合作不久的2008年，三鹿的不安分终于闯了大祸，曝出的"三聚氰胺事件"使自己苦心经营的一切毁于一旦。恒天然更是身受重伤，所有在三鹿集团的投资均化为灰烬，其中由三鹿集团经营并提供部分奶源供应的自有奶粉品牌安怡、安满也被迫退出中国市场。时隔一年之后，虽然安怡、安满又重返中国市场，但前景并不明朗。

祸不单行，恒天然与达能也算是比较友好、互惠互利的合作关系，但2013年肉毒杆菌事件却给这层关系蒙上了阴影，虽然这一事件最后被证明为乌龙事件，但达能最终选择与恒天然决裂。因为这次事件使达能蒙受了3.7亿欧元的损失，这可是达能10年来的第一次利润负增长，一贯要强的达能怎还能与恒天然平心静气地合作，于是乎恒天然就这样再次惨遭抛弃。

有句话叫"越挫越勇"，用在恒天然身上可谓恰到好处。在肉毒杆菌乌龙事件之后，恒天然表现出了永不言败的决心和信心，除其原有的原料供应业务外，恒天然计划于2020年前在华建成30家牧场，以填补中国本土奶源的缺口，同时还将加大消费品类业务的推广，包括推出自有品牌的婴幼儿奶粉等。可想而知，恒天然不再满足于只做原料供应商，开始着眼于在中国全产业链的整合。

此时的恒天然可谓是孑然一身，再次开始了寻寻觅觅之路。这时为了提升国内奶粉品牌的质量，恢复消费者的信心，2013年，由国家工信部牵头的新一轮乳业兼并重组拉开序幕，它鼓励本土企业进行国际化发展，这给了恒天然合作的机会。所谓千金易得，知音难寻，恒天然兜兜转转，偶然之际，还是看上了一"美人"，这一"美人"在中国市场这个舞台上欢歌起舞，甚是美妙，于是恒天然看傻了眼……

2.2 青睐有加：贝因美如此多娇，引恒天然尽折腰（2008—2014年1月）

这位"美人"是谁呢？想必我们都听过"专为中国宝宝设计"这样一句广告词，她便是贝因美。2008—2013年的贝因美真可谓是"邻家有女初长成"，品牌声誉响彻整个中国市场。

2008年，三聚氰胺"毒奶粉"事件使恒天然惨遭重创，中国乳企一片狼藉，而贝因美却独善其身，幸免于难，并脱颖而出。同年，贝因美的市场份额占到6%，与多美滋、美赞臣、惠氏、雅培四大品牌共同占据了市场85%以上的市场份额，而这五大品牌中只有贝因美是中国"血统"。在经济危机大背景下，各行各业都风韵不再，而贝因美却能在2009年一路逆流而上，呈现爆炸式发展，营业总收入的同比增长率高达67.41%，而归属净利润更是达到了惊人的地步，同比增长高达232.59%。自此之后，一发不可收拾，在接下来的4年里业绩也得到了迅猛的发展，值得一提的是，在2013年，贝因美的归属净利润竟达到了7.21亿元，达到成立至今业绩的顶点，至此，贝因美已经成为中国婴幼儿食品第一品牌和中国婴童行业当之无愧的领跑者。

看到这样一个耀眼的乳企领跑明星，恒天然彻底拜倒在了贝因美的裙下：一来，与本土企业捆绑可以降低政策风险；二来，恒天然在华销售模式本土化不足，今后可以利用贝因美的渠道，分销安满品牌；三来，合作能强化自己在澳大利亚的业务，扩张生产规模。而其实贝因美也在积极地寻找"买主"，在得到恒天然的示好后，贝因美也迅速看清了市场形势，恒天然能为其提供丰富的奶源，且与恒天然合作更有助于其市场转型。于是2014年1月9日，贝因美婴童食品股份有限公司发布公告，称公司1月8日收到浙江省商务厅转发的商务部批复，商务部同意恒天然乳品（香港）有限公司战略投资贝因美，要约收购贝因美公开发行的A股普通股，收购数量不超过公司已发行股份的20%。至此，恒天然、贝因美奏响了合作的前奏。

据贝因美内部人士称，两者更多是战略合作，也可以说是各取所需，这两家公司的合作将会利用恒天然在新西兰、澳大利亚和欧洲的生产资源，实现从"农场门口直接到消费者"的完全整合的全球供应链。对于贝因美而言，2013年下半年国内生鲜乳价格上涨以及国际原料粉价格上涨都大大增加了其生产成本，而恒天然在国际原料粉供应中有着重要地位，因此对于贝因美原料的保障和成本降低是非常有效的。对于恒天然，则更多看中贝因美在中国拥有的市场资源，并借这一资源进一步完成其在中国的市场布局。

2.3 顺利订婚：恒贝亲密接触，贝因美似力不从心（2014年1月—2014年9月）

都说恋爱中的女子智商为负，这话用在此时的贝因美身上再合适不过了。在这个阶段，从业绩上来看，贝因美表现确实不佳，其2014年上半年财报显示，贝因美实现营业收入24.05亿元，同比减少25.24%，净利润1.08亿元，同比下降72.09%；净利润率4.48%，同比下降7.53%。2014年半年的净利润仅为2013年全年净利润的1/7，无论下半年如何发力，赶超2013年的利润也是无望的，贝因美此时的光彩已大不如以前了，但这还只是个开端。

这里需要说明的是，贝因美业绩下滑并不是因为恒天然，是外部原因和自身原因综合影响的结果：首先，2013年市场上的原奶成本及进口原材料价格都大幅攀升，贝因美处于这样一个市场上也必然受其影响；其次，乳企行业整体并不那么理想，多家企业采取促销手段，营收、净利润都出现下滑态势；最后，此前贝因美多个产品采取降价策略，而经销商缺少积极性，动摇了经销体系。

更为重要的是，贝因美为了转型，于2013年11月斥资3.5亿元建立贝因美儿童奶有限公司，主推儿童奶业务。公司新型业务的发展前期投入较大，起步较慢，获利较少，这也将影响贝因美的业绩。考虑到儿童奶市场空闲巨大，等公司业务成熟起来，其业绩也就会拨开云雾见天日了。但大家似乎对此事都过于乐观了，而贝因美对此次的业绩下滑也并未上心，继续着手准备与恒天然的谈婚论嫁……

2014年6月19日，贝因美停牌，为与恒天然的合作整合准备。

贝因美婴童食品股份有限公司停牌公告

本公司及董事会全体成员保证信息披露内容的真实、准确和完整，没有虚假记载、误导性陈述或重大遗漏。

贝因美婴童食品股份有限公司（以下简称"公司"）拟披露重大事项，鉴于该事项存在重大不确定性，为保证公平信息披露，维护投资者利益，避免造成公司股价异常波动，经公司向深圳证券交易所申请，公司股票自2014年6月19日开市起停牌，待刊登相关公告后复牌。

停牌期间，公司将严格按照有关法律法规的规定和要求及时履行信息披露义务。

特此公告。

贝因美婴童食品股份有限公司
董事会
二〇一四年六月十九日

此后，贝因美很好地履行了一个上市公司的义务，意识到要约收购事项的不确定性，为维护广大投资者利益，避免造成公司股价异常波动，公司分别于6月26日、7月3日和7月10日发布了《关于重大事项继续停牌公告》，并于2014年7月17日、7月24日、7月31日、8月7日、8月14日和8月21日发布了《关于重大事项进展公告》，来公告事项进展情况。

2014年8月27日，贝因美发布公告称贝因美和恒天然打造全球伙伴关系，双方实现分阶段合作：（1）恒天然购买至多204 504 000股贝因美的普通股，占贝因美所有已发行股票的20%，恒天然集团承诺其自身及其关联方不谋求贝因美的控制权；（2）通过贝因美的渠道销售恒天然的自有品牌安满；（3）收购完成后，双方设立合资公司，收购恒天然在澳大利亚的生产基地达润（Darnum）工厂，预计总投资为2亿澳元（贝因美持股51%、恒天然集团持股49%）。并表示本次合作意向宣布是中国相关审批流程的第一步，双方将积极配合审批工作的进行并在适当的时候进一步介绍相关进展。至此，双方顺利完成了订婚过程。但恒天然和贝因美双方并没有透露此次收购的具体价格，对此外界也是猜测不断。

全球最大的乳制品供应商之一的恒天然与中国乳企行业的巨头结合真可谓郎才女貌。贝因美一直以来在上游建设方面有所欠缺，与恒天然合作可以实现上下游产业互补，并牢牢获得国外低价、优质、稳定的原料供应。而恒天然则急需一个中国知名品牌来带领其走出前两次的困顿局面，打开中国市场，两者的结合怎么看都让人羡慕不已。同时恒天然集团承诺其自身及其关联方不谋求贝因美公司控制权,也就是恒天然对贝因美给予充分的自由和独立,贝因美集团以及谢宏作为控股股东、实际控制人的地位不变,站在恒天然的角度,也就是"你的战略方向我也不干涉,放心去飞,我会源源不断地为你供给原料,但你要帮我照顾好我的孩子安满"。这样看来,恒天然也算是位好伴侣。

从理论上看,恒天然缺乏过硬的品牌和渠道,贝因美缺乏好奶源和养殖经验,两者存在互补,有助于增强市场地位和竞争优势,恒天然这次果真是找到了一个温柔贤惠的伴侣吗?这次联姻是否能实现一加一大于二的功效?我们静观其变。

2.4 终成眷属:强强联合成抱团取暖?(2014年9月—2015年4月)

2.4.1 贝因美遭业绩承压

世间的事有时候就是一波三折,让人无法猜测。这不,就在众人一致看好恒贝联姻,并为其拍手称快时,贝因美接下来的业绩也着实让我们大跌眼镜。贝因美2014年年报中显示,其营业总收入为50.5亿元,较2013年同比下降了17.46%。这倒无可厚非,毕竟企业也不能总是一帆风顺,但继而转向归属净利润,我们就不得不有所深思了。其2014年的归属净利润仅为6889万元,较2013年同比下降了90.45%。从经营数据上看,贝因美2013年营收和净利分别实现14.54%和41.41%的增长,虽然业绩增长有所放缓,但和此次相比,2014年的业绩正在以更快的速度持续恶化。且按照营业收入50.5亿元净赚6889万元来看,其净利率仅有1.25%,与2013年的净利率11.79%相比真是缩水不少。这么低的净利率明显是因利润下滑幅度远高于营业总收入的缩水幅度所致。这也意味着贝因美想要赚钱会越来越艰难了,见图3、图4、图5。

而2015年第一季度的财务情况也不乐观,营业总收入和归属净利润分别为8.96亿元和4857万元,同比增长分别为-17.64%和-29.17%,这样看来,贝因美的业绩正在遭受巨大的压力,到底是何种原因使昨日还为乳企巨头的贝因美今日却似身受重伤呢?

乳业江湖 何时春暖花开

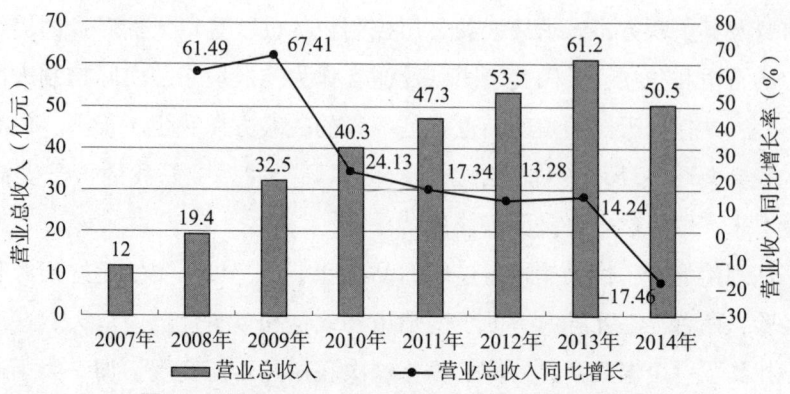

图 3　贝因美 2007—2014 年营业总收入变化趋势❶

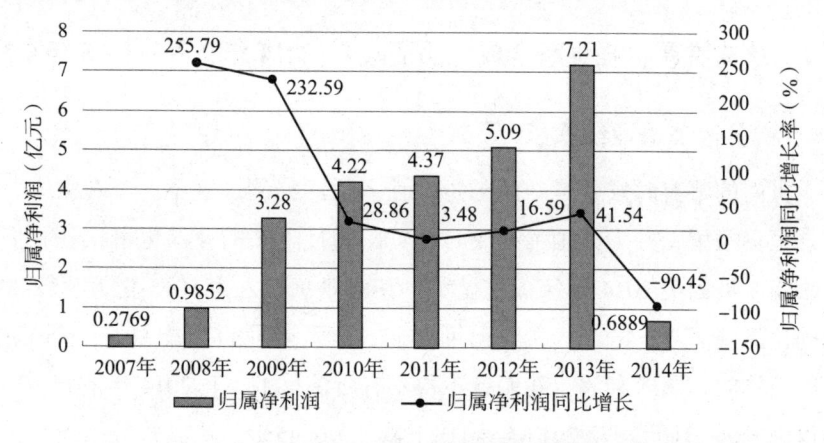

图 4　贝因美 2007—2014 年归属净利润变化趋势

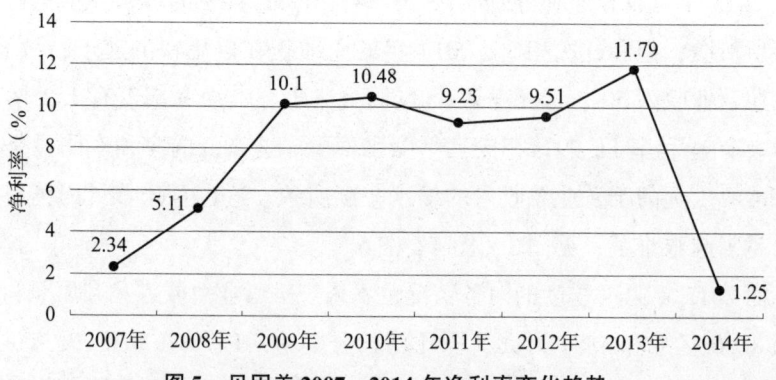

图 5　贝因美 2007—2014 年净利率变化趋势

---

❶ 数据来源：东方财富网（图4、图5同）。

2.4.2 跳出圈子，一探究竟

针对2014年业绩猝不及防的下滑，贝因美做了仔细的分析，主要原因有3个：(1) 价格因素影响：受2013年下半年公司奶粉主要品项标准出厂价下调影响及一些促销活动影响，毛利率同比下降4.22%；(2) 成本因素影响：公司主要原料价格从2013年1月涨至12月，2014年上半年虽略有回落，但全年的生产成本仍高于2013年同期，此项因素影响毛利率5.25%；(3) 产品组合因素影响：高端产品金爱+销售比例上升，致使毛利率较上年同期上升1.48%，部分抵消了原材料上涨及产品降价带来的毛利空间缩减的压力。也就是说，公司营业收入下降而成本费用却上升，这导致公司的利润出现了巨大的下滑，当然，这也是一目了然的事情。我们要想看到这层表象背后的原因，还得跳出贝因美的圈子，站在高处，俯视全局，客观比对。

贝因美业绩下滑的根本原因在于外部的政策压力驱动和内部的战略调整。

首先，最直接原因在于政策环境的变化。2013年5月，国家发改委向包括贝因美在内的9家知名品牌奶粉企业展开反垄断调查，贝因美最终以下调10%左右主要品类婴幼儿配方奶粉标准出厂价的方式作为妥协条件躲过处罚，但紧随而来的就是第三季度净利润59%的环比下滑。下调产品出厂价一方面是应对反垄断调查的妥协手段，另一方面则是出于日益激烈的市场竞争的需要。

其次，战略调整也将影响贝因美的业绩。2014年5月，国家开始采取措施提高婴幼儿乳粉行业的准入门槛，对外实行注册制，对内发放新的生产许可证，一大批小型乳业被淘汰，奶粉行业即将形成新的市场格局。对此，贝因美必须做出调整以回应市场环境的变化。而在创始人谢宏淡出后，贝因美刚稳定的新领导层面临着业绩下滑的内部压力，战略调整势在必行。战略的调整主要分对内和对外两方面。对内，贝因美2014年2月将公司名称由原来的"浙江贝因美科工贸股份有限公司"变更为"贝因美婴童食品股份有限公司"，剥离非食品业务，此后还将其食品业务的目标消费群体由原来的0～6岁延伸至0～12岁，以保证公司业绩持续增长。对外，贝因美积极推进国际化战略，付出 18.82% 股权的代价引入恒天然作为第二大股东即是贝因美国际化的重要步骤。

审视贝因美内部结构，我们发现自从 2011 年上市以来，贝因美的董事长一直在频繁更替。2011 年 7 月，谢宏因个人原因离职之后，朱德宇上任仅仅 9 个月便又因个人原因离职，2012 年 4 月，原是独立董事的黄小强一跃成为董事长，但好景不长，2014 年 1 月，黄小强再度以个人原因辞职，随后原为公司总经理的王振泰便上任了。这一现象不得不引起我们的深思，三任董事长均以个人原因离职，怎么看都渗透着企业的不安定。但 2013 年以前的辉煌业绩还是让我们不能过多怀疑董事长的更替会直接影响企业的业绩。反转出现在 2014 年，王振泰上任后，公司名称更改，业务目标转移，公司进入转型期，业绩也出现下滑。这样看来，责任似乎都在王振泰身上，但一个辉煌一时的企业又怎会在一届董事长换任后就顷刻崩塌，想来，频频更换高管早已暗藏隐患，加之转型期到来，致使企业发展遇上困境，见表 4。

表 4 2011—2012 年贝因美董事会成员情况

	2011 年	2012 年	2013 年	2014 年
董事长	谢宏（截至 2011 年 7 月 5 日） 朱德宇（2011 年 7 月—2012 年 4 月 1 日）	黄小强	黄小强	王振泰
副董事长	杨博鸿	杨博鸿	杨博鸿	杨博鸿
董事	何晓华	何晓华	何晓华	何晓华
董事	俞祖勋	刘诚	刘诚	刘诚
董事	刘诚	陈慧湘	陈慧湘	陈慧湘
董事	陈十游	刘东	刘东	刘东
独立董事	陶久华	史惠祥	史惠祥	史惠祥
独立董事	蒋文军	张建平	张建平	张建平
独立董事	黄小强	潘晓红	潘晓红	潘晓红

还值得一提的是奶粉代购业的兴起。据统计，2013 年我国奶粉代购行业规模达到 70 亿元左右，而奶粉行业的规模在 600 亿元左右，海外代购占据超过 10% 的奶粉市场份额，品牌涉及明治、雅培、美赞臣、惠式、雀巢、美素等近 20 种进口奶粉。奶粉代购一方面给传统渠道的婴幼儿奶粉销

售造成冲击，另一方面又蚕食国内奶粉市场。婴幼儿奶粉市场上，外资企业的大肆挤入、国内企业的激烈竞争、奶粉代购等新渠道的兴起，使得贝因美的生存极为艰辛。

2.4.3 直面压力，终成眷属

恒天然看到贝因美此时的窘状，是何感想，我们不得而知，也许对贝因美还是情有独钟的，毕竟原来那么辉煌的业绩怎能因为今日这一时的萧条就全盘否定。而贝因美面对自己的业绩下滑可能会有些许担忧，但从上面的种种原因来看，业绩下滑似乎也是情有可原的。事到如今，双方也只能继续埋头向前了。

2014年9月9日，贝因美发布了9月5日形成的公告《要约收购报告书摘要》，公告中介绍了收购人恒天然的基本情况，及收购的目的为恒天然通过收购成为贝因美战略投资者，双方建立可持续发展的战略合作伙伴关系，实现双方全球资源的整合，创造更大的商业价值。并正式介绍了以18元的价格收购贝因美20%（204 504 000股）的股权，所需最高资金总额为368 107.20万元人民币的收购方案。同日，贝因美发布公告《关于恒天然乳品（香港）有限公司拟向全体股东发出部分要约收购暨公司股票复盘的提示性公告》称，公司股票于2014年9月9日开市起复牌，至此，自6月19日起的股票停牌宣告结束，同时公告提醒公众《要约收购报告书》中内容还具有不确定性，请投资者谨慎。此时，要约收购已是箭在弦上。

2015年2月12日，贝因美发布公告《关于恒天然乳品（香港）有限公司实施部分要约收购的公告》，公告中明确本次收购的期限为30天，期限自2015年2月12日至2015年3月13日；其中，在要约收购期限届满前3个交易日内（2015年3月11日、12日、13日），预受股东不得撤回其对要约的接受。此时，收购正式开始实施。

2015年3月13日，贝因美发布公告《关于恒天然乳品（香港）有限公司要约收购期限届满暨公司股票停牌的公告》，宣布收购期限届满，公司自3月16日开始停牌，提醒大家少安毋躁，坐等结果。

2015年3月19日，贝因美发布终极公告《恒天然乳品（香港）有限公司要约收购结果暨股票复牌等相关事项的公告》，公告称本次要约收购股份的过户手续已于 2015 年 3 月 18 日办理完毕。并声明本次要约收购前，收购人未持有贝因美股份，本次要约收购后，收购人持有贝因美 192427112 股股份，占总股本的 18.82%。具体收购数据见表 5。

表 5　收购具体情况

贝因美婴童食品股份有限公司发行股票数量（经四舍五入）	10.22 亿
恒天然收购股票数量（经四舍五入）	1.924 亿
每股成本	18 元/股
除交易费外的总成本（经四舍五入）	34.64 亿
恒天然获得的贝因美婴童食品股份有限公司股份比例（经四舍五入）	18.82%

至此，恒天然贝因美合作的一阶段收购完成，一切尘埃落定。收购完成后，贝因美的股权结构发生了较大的变化。虽然贝因美集团有限公司的控制权没有发生变化，但其权利似有被削弱的倾向，由被收购前的 40.16% 降为 33.06%，而恒天然则占有了贝因美 18.82% 的股权，成为其第二大股东。但恒天然既然承诺不攫取贝因美的控制权，贝因美集团有限公司也可以放心当贝因美的一把手。具体股权结构及产权关系详见图 6~图 9。

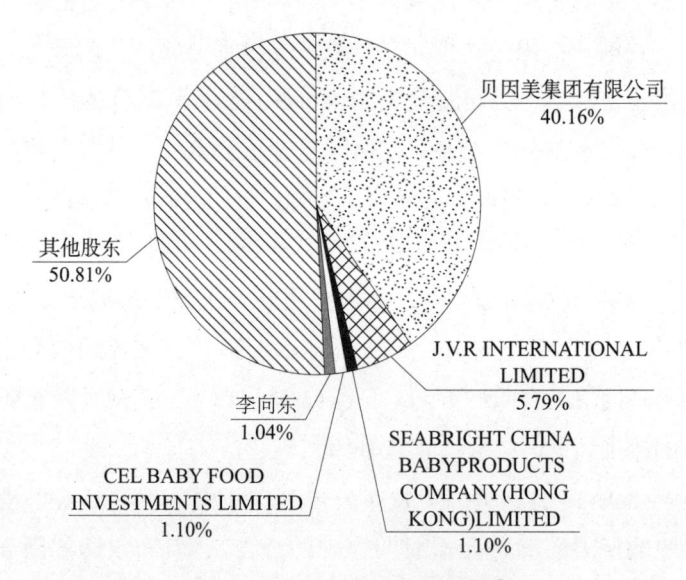

图 6　2014 年贝因美股权结构❶

- 贝因美集团有限公司 40.16%
- 其他股东 50.81%
- J.V.R INTERNATIONAL LIMITED 5.79%
- 李向东 1.04%
- SEABRIGHT CHINA BABYPRODUCTS COMPANY(HONG KONG)LIMITED 1.10%
- CEL BABY FOOD INVESTMENTS LIMITED 1.10%

❶ 数据来源：巨潮资讯网（图 7、图 8、图 9 同）。

第四章
恒天然携手贝因美："强强联合"成"抱团取暖"？

```
┌─────────────────────────┐
│          谢宏            │
└─────────────────────────┘
             ⇩ 72.16%
┌─────────────────────────┐
│     贝因美集团有限公司      │
└─────────────────────────┘
             ⇩ 40.16%
┌─────────────────────────┐
│   贝因美婴童食品股份有限公司  │
└─────────────────────────┘
```

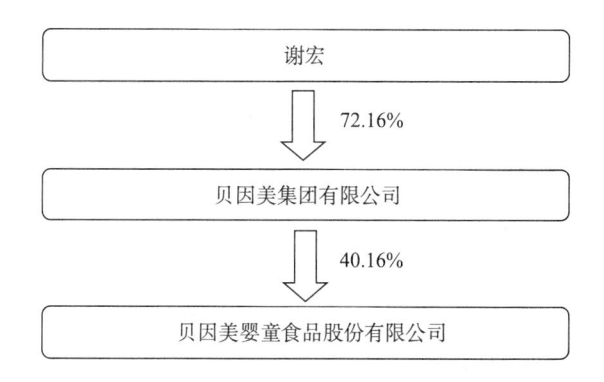

图7　2014年贝因美与实际控制人间的产权及控制关系

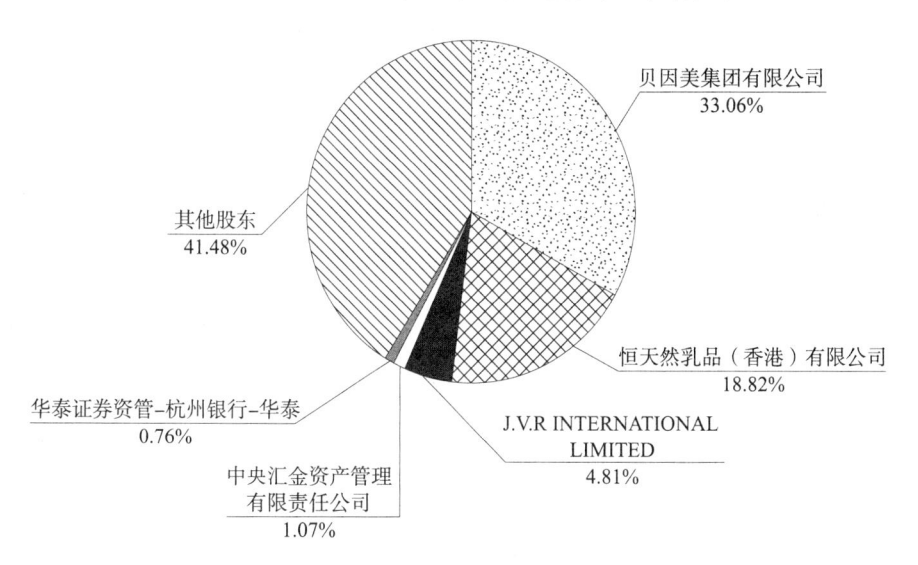

- 贝因美集团有限公司　33.06%
- 其他股东　41.48%
- 恒天然乳品（香港）有限公司　18.82%
- J.V.R INTERNATIONAL LIMITED　4.81%
- 中央汇金资产管理有限责任公司　1.07%
- 华泰证券资管-杭州银行-华泰　0.76%

图8　2015年贝因美股权结构

```
┌─────────────────────────┐
│          谢宏            │
└─────────────────────────┘
             ⇩ 72.16%
┌─────────────────────────┐
│     贝因美集团有限公司      │
└─────────────────────────┘
             ⇩ 33.06%
┌─────────────────────────┐
│   贝因美婴童食品股份有限公司  │
└─────────────────────────┘
```

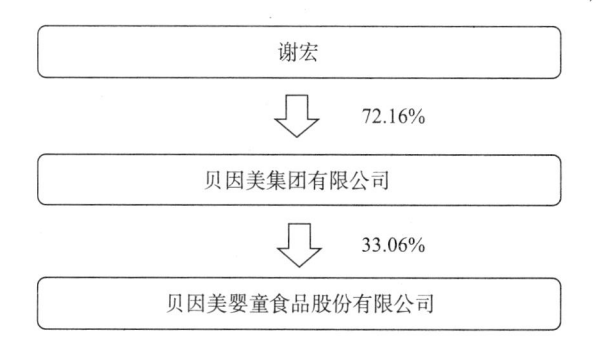

图9　2015年贝因美与实际控制人间的产权及控制关系

看到此处，我们不禁有所疑惑，难道两者的联姻已从强强联合转化为抱团取暖？有人开玩笑评价贝因美和恒天然两者是"失落者联盟"，其实也不无道理，因三鹿事件，恒天然在中国的战略布局深受打击，旗下奶粉品牌安怡、安满退出中国市场。恒天然开始收缩其业务链条，甚至将其在广州的生产线转让给了雅培。此后，恒天然在中国开始自建奶源，但2013年肉毒杆菌乌龙事件使旗下拥有多美滋、可瑞康、诺优能等多个婴幼儿奶粉品牌的达能与之解除合作关系，这又打乱了恒天然婴幼儿奶粉的上市计划。而此时的贝因美业绩下滑严重，两者的结合真有抱团取暖之嫌。但这只是两者联姻之始，我们还不能对此定论，剧情会不会有大反转，还需看其接下来的婚后生活。

2.5　婚后生活：虽相互扶持，仍坎坷依旧

2.5.1　安满借道贝因美，恒天然感动到 cry

前面我们多次提到安满、安怡这对兄弟，尤其是安满，恒天然始终对其不离不弃，它到底是何方神圣呢？

安满为恒天然的自有品牌，创立于1996年，是恒天然旗下著名母婴营养品品牌，拥有安满智孕宝、安满满智、安满满睿等婴幼儿配方乳粉及孕妇配方奶粉产品，也是恒天然引进中国市场的三大产品系列之一。

作为恒天然最早引入的奶粉旗舰品牌，安满早在2009年就开始登陆中国市场，当时正逢洋奶粉扩张的黄金时期，诸如多美滋、美赞臣、雅培、惠氏等外资奶粉都在该期间获得了巨大的规模增长，抢占了可观的在华市场份额。但是反观恒天然的安满婴幼儿配方奶粉却错失了黄金扩张时机，被其他几大洋奶粉品牌远远甩在身后。2013年恒天然又重点推广了该品牌婴幼儿配方奶粉的在华销售渠道，销量上却一直难有起色。

据查证，2014年是恒天然有史以来在中国市场上取得最好成绩的一年，是否与本次收购有关，我们不得而知。不过，这里所谓的"最好成绩"是指恒天然在中国的所有业务线产品。目前恒天然除了传统原料供应的B2B业务外，其在中国市场主要引入了三大品牌，即安满、安佳和安

第四章
恒天然携手贝因美："强强联合"成"抱团取暖"？

怡,其中,安佳主攻常温奶市场。

2014年以来,由于国内市场掀起的进口牛奶浪潮,安佳品牌由此在华取得了非常出色的销量。也就是说恒天然2014年的佳绩大部分是由安佳辛苦努力而来。而安满好似更得恒天然的保护。恒天然始终不愿意对外披露安满品牌在华的具体销量数据,安满的业绩也从来没有单列过,哪怕是恒天然内部的员工也并不清楚这个品牌到底做得怎样。这样猜测来说,安满应该业绩不佳,不然恒天然为何遮遮掩掩。细心留意,还是发现了安满在业绩方面的黯淡无光。安满品牌在天猫官方旗舰店显示,除了孕妇配方乳粉显示有成交记录外,婴幼儿配方奶粉的月销量均为零。这想必与恒天然长期以来扮演的乳业供应链中的角色有很大关系。恒天然是全球主要的原料供应商,它并不擅长具体品牌的宣传营销和渠道铺设。安满在中国一开始尝试过商超渠道,后来也做过母婴渠道,但是没有一个成功,其市场份额始终很小。也就是说由于恒天然的能力欠缺,培养出了安满这样一个瘦弱的孩子,如果能理解一个瘦弱孩子妈妈的心理,也就能理解恒天然如此护犊心切的行为了。也许在恒天然的心里,安满这个孩子终有一天是可以大展宏图的。而这次与贝因美合作事件中,恒天然依然没有忘记安满,这一事件的第二阶段就是贝因美帮助销售安满产品。在多年试水之后,恒天然清楚自己并不具备在中国市场经营好安满的能力,如今交给有成熟的婴幼儿配方奶粉销售渠道及营销办法的贝因美,或许能从一定程度上帮助恒天然走出目前在中国市场的困局。恒天然已想到了这一点,对贝因美应该十分感谢,至于能不能追赶上其他洋奶粉,还需双方的继续努力。

继而,我们转向贝因美方面,根据独立市场研究公司尼尔森（AC Nielsen）曾经披露的一份2013年奶粉统计数据中,零售和母婴渠道的前5名为惠氏、美赞臣、贝因美、多美滋和合生元。可以看到贝因美赫赫在列,而据估测,恒天然的安满预计连前15名都未必排得进。如此,可清晰地看到贝因美和安满之间的差距。但贝因美手上多一个洋奶粉的品牌,如果足够乐观的话,也许能为这家本土的奶粉巨头带来活力。

在完成对贝因美正式入股交割的半年后,恒天然终于和贝因美在业务层面展开了更具实质性的合作。2015年10月13日,贝因美发出公告《关于安满产品合作暨关联交易的公告》称,公司第6届董事会审议通过了《关于安满产品合作暨关联交易的议案》,同意与公司股东之一恒天然乳品(香港)有限公司的关联方进行安满产品合作,并拟签订《品牌许可协议》和《分销协议》,上述交易构成关联交易。目前恒天然已将安满奶粉的销售权和营销权全权交给贝因美进行打理,并宣布"贝因美是安满品牌目前在中国地区唯一的、独家的分销商"。由此可见,恒天然对贝因美真是信任有加。

2.5.2 恒贝合资,收购达润

2015年10月27日,贝因美召开第6届董事会第6次会议,审议通过了《关于收购境外资产、对外投资暨关联交易的议案》,同意以82008000澳元(按2015年7月31日汇率4.4734元计算折合约人民币366854587.20元)收购恒天然澳大利亚私有有限公司(以下简称"恒天然澳大利亚")下属生产中心达润工厂(Darnum)51%的权益,并与恒天然方共同组建非公司型合资(UJV Unincorporated Joint Venture)架构运营达润工厂。双方拟为UJV总计投入2亿澳元,贝因美总投资为51%,即1.02亿澳元,投资总额扣减收购价格后剩余部分作为UJV的流动资金。公司将与恒天然关联方签订《资产购买协议》《合资协议》和《仲裁协议》。本次交易构成重大关联交易。

2016年2月3日,贝因美与恒天然关联方签订了《资产购买协议》《合资协议》和《仲裁协议》等协议,双方在澳大利亚的合资架构初步建立。根据协议,贝因美将持有达润工厂51%的权益,恒天然持有49%的权益。协议尚需获得中国及澳洲相关主管部门的批准。这也意味着贝因美收购恒天然澳大利亚私有有限公司下属生产中心一事有了实质进展。下一步,协议需要获得中国及澳洲相关主管部门的批准。

2016年2月5日,贝因美发布公告《关于重大事项进展公告》称,贝因美SPV已设立,公司名称为BEINGMATE(AUSTRALIA)PTY LTD。

2016年7月22日,贝因美收到了澳大利亚外国投资审查委员会出具的对本次收购事项无异议的函件,即澳大利亚政府同意此次收购。

2016年9月19日,贝因美收到中国商务部反垄断局的《审查决定通知书》,中国政府表示对恒天然澳大利亚有限公司与贝因美婴童食品股份有限公司新设合营企业案不予禁止,从即日起可以实施集中。即中国政府对此次收购也无异议。

2016年10月19日,贝因美与恒天然办结了关于达润工厂51%的权益资产过户手续,正式完成本次收购的交割工作。

2016年10月20日,贝因美发布公告称,贝因美与恒天然的本次战略合作中的3个阶段顺利完成,公告原文如下:

贝因美婴童食品股份有限公司
关于收购澳大利亚达润工厂资产完成交割的公告

本公司及董事会全体成员保证信息披露内容的真实、准确和完整,没有虚假记载、误导性陈述或重大遗漏。

为加速全球婴童食品领域的资源整合,延伸公司产业价值链,推进全球化战略,贝因美婴童食品股份有限公司(以下简称"公司")召开第6届董事会第6次会议和2015年第3次临时股东大会审议通过了《关于收购境外资产、对外投资暨关联交易的议案》,同意以82008000澳元收购恒天然澳大利亚私有有限公司(以下简称"恒天然")下属生产中心达润工厂(Darnum)51%的权益,并与恒天然方共同组建非公司型合资(以下简称"UJV")架构运营达润工厂。(详见公司于2015年10月29日披露的2015—061号公告)。

截至2016年9月19日,本次交易事项涉及相关政府审批已完成(详见公司于2016年9月20日披露的2016-036号公告)。截至2016年10月19日,公司已与恒天然方办结了达润工厂(Darnum)51%的权益资产过户手续,正式完成了本次收购的交割工作。至此,公司已顺利完成本次境外资产的收购交易。

特此公告。

贝因美婴童食品股份有限公司

董事会

2016年10月20日

其实早在2015年，恒天然与贝因美就已经在这家达润工厂完成了特制配方奶粉的试验。达润工厂是一家专门生产营养型奶粉的企业，投资额达到3亿澳元，也被定位成恒天然高价值婴童营养奶粉的全球性中心。达润工厂未来产能最高可提升至10万吨/年，且不需额外资金投入。收购完成后，贝因美持股51%，且拥有加工厂一半的奶粉年产量。恒天然则负责工厂运营管理，持有另外49%股权。借助此次合作，贝因美也将拥有澳大利亚奶源、澳大利亚原装原罐的婴幼儿配方奶粉产品，一方面符合国内乳粉企业频频走出海外的战略动向，另一方面对于改变贝因美在国内乳粉市场日渐衰落的境况也有着积极的推动意义。

2.5.3 贝因美婚后业绩不振，压力山大

贝因美与恒天然喜结良缘后，众人均以为贝因美会因此过得幸福美满，岂料，贝因美的业绩似乎到了瓶颈期。2015年贝因美的营业总收入为45.3亿元，同比增长-10.2%，而2014年的同比增长为-17.46%；同时，贝因美2015年的归属净利润为1.04亿元，同比增长50.45%，而2014年的同比增长为-90.45%。这样看来，贝因美在继2014年的业绩急剧下滑后，2015年的业绩似有回暖倾向，这也符合我们认为的2014年的业绩下滑只是两者联姻初时情况，只是暂时的。但2016年的业绩着实不忍直视，其营业总收入为27.7亿元，同比增长-38.87%，归属净利润更是亏损严重，2016年为-7.98亿元，同比增长-869.94%，这一巨大亏损好像与人们的预期差之千里，详见图10、图11。追寻原因，这似乎与被牵扯其中的2016年上海假奶粉事件（详见第九章）有莫大的关系。贝因美与恒天然的婚后生活比我们预想得要坎坷，但谁又能说坎坷过后不会是另一番美景呢。2016年10月，贝因美与恒天然合资收购达润会不会有助于贝因美走出困境，我们仍满怀期待。

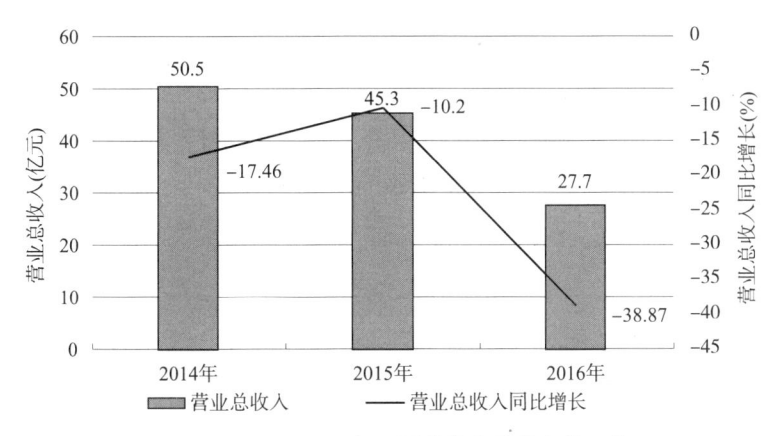

图 10 2014—2016 年贝因美营业总收入情况❶

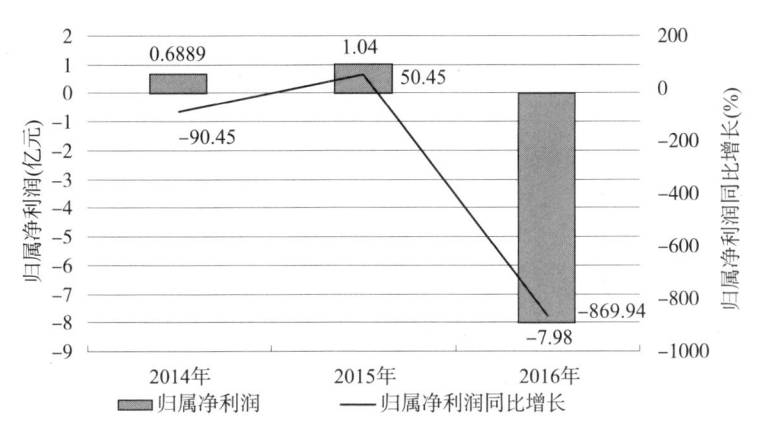

图 11 2014—2016 年贝因美归属净利润情况

3 尾声

此时,恒天然与贝因美的合作告一段落,我们来纵观恒贝合作的各种缘由。从企业类型上来看,两者可谓相差悬殊,恒天然为外资企业,贝因美为民营企业,恒贝的合作属于近来典型的中外资企业合作。中外资企业合作相较其他合作方式,属于相对困难的选择,因为两者要冲破文化限制及各种整合困境,而恒贝合作已顺利完成,这已属不易。另外,恒天然为新西兰久负盛名的奶源企业,贝因美则为盛极一时的乳企加工企业,从这

---

❶ 数据来源:巨潮资讯网(图 11 同)。

方面看，两者的结合可以说是相互补充、相互扶持、互惠互利，任谁看到，都会说是郎才女貌的一对。然而通过分析我们发现，两者的合作并没有达到预期双宿双飞的效果，尤其是贝因美的业绩下滑，让我们不得不怀疑恒贝的合作究竟是不是正确的选择。2016 年 10 月刚刚结束的达润工厂收购事件又是否会给贝因美带来转机，让我们共同期待。

放眼整个乳企行业，有多起奶源与加工企业的合作，但结果似乎都有点缺憾。为何看起来很是互惠互利的合作，效果却并不明显，合作企业应如何进行资源的整合，才能实现成功的强强联合，还需我们的共同探讨。

文件涉及的政策法规注释

1.《进出口乳品检验检疫监督管理办法》（总局令第 152 号），国家质量监督检验检疫总局，2013 年 1 月 24 日

第六条 国家质检总局对向中国出口乳品的境外食品生产企业（以下简称境外生产企业）实施注册制度，注册工作按照国家质检总局相关规定执行。

境外生产企业应当经出口国家或者地区政府主管部门批准设立，符合出口国家或者地区法律法规相关要求。

境外生产企业应当熟悉并保证其向中国出口的乳品符合中国食品安全国家标准和相关要求，并能够提供中国食品安全国家标准规定项目的检测报告。境外生产企业申请注册时应当明确其拟向中国出口的乳品种类、品牌。

获得注册的境外生产企业应当在国家质检总局网站公布。

第九条 向中国境内出口乳品的出口商或者代理商应当向国家质检总局备案。申请备案的出口商或者代理商应当按照备案要求提供备案信息，对信息的真实性负责。

备案名单应当在国家质检总局网站公布。

第十二条 进口乳品的进口商应当保证其进口乳品符合中国食品安全国家标准，并公布其进口乳品的种类、产地、品牌。

2.《关于转发工业和信息化部等部门推动婴幼儿配方乳粉企业兼并重组工作方案的通知》（国办发〔2014〕28 号），国务院办公厅，2014 年 6 月 6 日

到 2015 年年底，争取形成 10 家左右年销售收入超过 20 亿元的大型婴幼儿配方乳粉企业集团，前 10 家国产品牌企业的行业集中度达到 65%；到 2018 年年底，争取形成 3~5 家年销售收入超过 50 亿元的大型婴幼儿配方乳粉企业集团，前 10 家国产品牌企业的行业集中度超过 80%。

推动有实力的企业走出去，参与全球资源整合与经营，提升国际化经营能力。

第五章　合生元:"濒临死亡"的假洋奶粉还是"重获新生"的转型之星?

摘　要:在2008年中国奶粉崩塌之际,一家乳企进入中国乳市,以"洋奶粉"的身份让中国妈妈们弃土投洋,甚至重建市场秩序,一统中国奶粉江湖。合生元,一个理应与本土乳企同病相怜的婴幼儿配方奶粉界的新生本土品牌,却创造奶粉价格巅峰,杀出重围,缔造了5年净利暴增2022%的神话。然而,伴随行业市场秩序重建以及2013年婴幼儿乳业反垄断调查,它被处罚、被质疑、跌落神坛,业绩增长遭遇天花板,合生元是"快死"还是"慢死"俨然已成为热议话题。甚至有人称,合生元或将沦为被收购的对象。然而合生元断不会坐以待毙,昔日的奶粉巨头能否走出国家制衡的阴影,破除业绩增长的困局,重创辉煌?

关键词:合生元;假洋奶粉;反垄断调查;并购;转型发展

第五章
合生元:"濒临死亡"的假洋奶粉还是"重获新生"的转型之星?

引 言

2013年6月27日,时间已到了深夜,位于广州市经济开发区的合生元总部依旧灯火通明。偌大的会议室内,空调温度调得很低,就像现在董事会成员们的心情,已经消沉到了谷底。

"罗董,如果明天出现股价大跌,我们应该怎么应对媒体?""要是配合国家发改委的反垄断调查,我们就要放弃申请行政复议和行政诉讼,直接接受国家的罚款和处分吗?"……这样突发的混乱场面是所有人始料不及的。这一切的"罪魁祸首"源于十几个小时之前,公司发布公告同意接受国家发改委的涉嫌反垄断调查。吵吵闹闹的股东们都在担心今年的"油水"会不会随着这场"变革"蒸发得一滴不剩。作为公司持股最多、头衔最高、权力最大的董事长兼首席执行官罗飞,一方面要安抚民心,另一方面合生元将面临怎样的滑铁卢,不会有人比他更清楚了。为明天即将到来的"烂摊子"做好准备之后已然是第二天凌晨了,罗飞离开总部大厦,不禁感慨,1999年创建的合生元,如今已有17个年头,就像一个青春期的孩子,开始为家长带来麻烦了。

1 吾家有儿初长成

1.1 罗飞——合生元之父

罗飞,53岁,广州市合生元生物制品有限公司董事长、董事会主席、执行董事、行政总裁。获得华南理工大学(前称华南工学院)微生物工程学士学位及工业发酵硕士学位,中欧国际工商学院工商管理硕士学位。罗飞在生物技术行业拥有约20年经验,1989—1990年曾被广州康海企业发展公司全职聘用为助理工程师;1993年2月,成立广州百星生物工程有限公司,担任法人代表及总经理;1994年12月,成立广州市百好博有限公司,主要从事进口、分销个人护理用品及家居清洁产品原材料。1999年8

月,罗飞成立广州合生元并担任总经理。

社会职务方面,罗飞担任广东省孕婴童用品协会副会长兼合生元中国母婴救助基金管理委员会主席,多次提名中国婴童行业年度人物。2012年,进入《新财富》杂志发布的500富豪榜。2013年,成为全球亿万富豪榜的中国企业家之一。

1.2 合生元——小儿成长记

合生元(BIOSTIME)创建于1999年。公司的核心价值观是四个专一:态度、产品、服务、一切。秉承"牵手妈妈,只为宝宝""与妈妈一起为宝宝成长而努力"的理念,致力于成为国际一流的提供全面育儿解决方案的领先公司。2002年开始与法国拉曼公司开展战略合作伙伴关系,将益生菌引进中国。2006年创立母婴O2O购物平台"妈妈100"。2008年三聚氰胺事件之后迅速崛起,用"洋奶粉"的光环缔造了"炼金术"的神话。除了业绩一路飙升,2010年12月17日还在香港主板成功上市。之后的合生元更是一路高歌猛进,不再是那个势单力薄的小儿,而是在进击中不断扩张并购的有为青年。合生元发展大事记参见表1。

表1 合生元发展大事记(1999—2016年)❶

1999年	广州合生元成立
2000年	8月申请注册合生元TM商标
2002年	与法国拉曼公司达成战略合作伙伴关系,将益生菌引进中国
2003年	合生元益生菌在中国上市
2006年	"妈妈100"服务品牌成立
2007年	"妈妈100"会员平台正式上线 "中国红十字会·合生元母婴救助基金"成立
2008年	合生元推出高端婴幼儿配方奶粉
2010年	葆艾婴幼儿护理品牌上市 合生元国际控股有限公司(01112)在香港联合交易所有限公司主板上市
2012年	父母能量早教品牌上市

❶ 数据来源:合生元官网。

续表

2013年	合生元获得法国奶粉供应商 ISM 合作社20%的股份
	支付1.6亿元反垄断调查款
	合生元旗下全新奶粉素加上市,"妈妈100"电商平台上线
2014年	渣打、汇丰等多家评级机构对合生元评级降级
	收购长沙营可营养品有限公司全部股本权益
2015年	收购 Swisse Wellness Group Pty Ltd 约83%股本权益
2016年	收购 Swisse Wellness Group Pty Ltd 剩余约17%股本权益

2 一朝错卧麻烦侧

合生元并不像世人对它的期盼那般茁壮成长,被众人给予的厚望不仅助力了它一路高歌猛进的态势,也助长它走向了偏离轨道的麻烦之路。

2.1 第一次麻烦——身份门

2.1.1 "三聚氰胺"牵连广,合生元却全身退

2008年中国奶粉遭遇"三聚氰胺"事件,以三鹿为首的国产奶粉巨头迅速衰落,其他的国产奶粉企业也难逃厄运,大多数品牌牵连其中,业绩纷纷跳水,陷入信任危机。与此同时,海外奶粉品牌席卷而来,迅速成为中国奶粉市场的新宠。短短几年时间,中国奶粉市场格局在进口奶粉的冲击下发生了翻天覆地的变化。"人心惶惶"的中国奶粉市场在对国产奶粉产生不信任的同时,"进口奶源"空前热销。"洋品牌"在高端市场的占有率由2008年年初的70%上升到2012年的85%。2008年,合生元配方奶粉粉墨登场,利用此时机推出高端婴幼儿配方奶粉,使用"法国合生元"的称号,强调采用欧洲奶源,同众多品牌的"洋奶粉"一起出现在了大众的视野里。

合生元奶粉一经推出就实行高价策略,超高的定价使得合生元成为中国市场上最贵的奶粉,即使它5年之内没有涨价,也远远超过5年内持续涨价的其他品牌的乳制品企业。并且,合生元以精美的包装、高端的价

格、打着"擦边球"的"洋奶粉"宣传，迅速占据了中国奶粉市场的一席之地，在席卷全国的"三聚氰胺"事件中全身而退。

2.1.2 逆向发展引猜疑，假洋身份难隐藏

战国纷争，众星云集。这是最好的时代，也是最坏的时代。逆向发展总会让人心生猜疑，难道合生元真是这次洪水中的猛兽，有它独特的经营之道？从2009年开始，陆续曝出的雅士利施恩奶粉假进口奶源和假美国身份等事件，让不少披着国际外衣的"洋品牌"最终被证明不过是子虚乌有的"假货"，使得消费者对这些所谓的进口品牌奶粉寄予的厚望彻底破碎。更令人吃惊的是，这类"假洋"事件不是偶然，一些港股上市的乳企都存在这样的问题，例如澳大利亚澳优、美国善臣、瑞士皇牌，品牌都是由国人创造，采用代理生产或合作关系来与外国沾亲带故，靠着大量的广告和宣传，分享进口奶粉的黄金时代。同样，"法国合生元"的标榜一度让消费者以为合生元奶粉是一个来自法国的品牌，也多次引发了关于其"假洋品牌"的声讨。

2.1.3 网友侵权合生元？官司揭露真端倪

《"法国合生元"是法国品牌还是地道的国货？》，网友在3·15投诉网上发布的一篇关于合生元的调查文章，引起了一场历时2年的名誉权官司，并在媒体上引起轩然大波。2005年8月23日，广州合生元发现3·15投诉网上贴了一篇署名为武文的转帖文章《法国合生元及其研究数据可靠性》。该文作者发现生产合生元的法国公司居然是一个海拔670米、人口只有1020人的山区小镇，继而打电话给这个小镇的镇政府，结果镇政府否认有合生元（Biostime）这家公司，仅承认有一家叫"拉曼"（Lallmend）的制药公司，这家公司只是给合生元提供菌种和代工。由此作者得出结论，合生元是一家彻头彻尾的中国公司。

文章一经转帖就获得广泛传播。合生元发现这篇质疑文章后，多次发函要求网站删除信息。由于网站方面不愿意将文章撤下，于是合生元以"侵犯名誉权"将此事诉至法庭。一审期间，合生元甚至找来长期驻京、时任法国拉曼集团欧洲西部\亚洲业务主管和法国合生元指定法定代表的Ulrich Irgens先生助阵，期望验明正身。据这位主管回应，法国合生元是拉

合生元:"濒临死亡"的假洋奶粉还是"重获新生"的转型之星?

曼集团下属控股的合资公司,广州合生元负责以合生元品牌在中国推广和销售法国拉曼集团的益生菌产品。可是,这家名为法国合生元的公司,却是在合生元发现网文半年后的 2006 年 2 月成立的。亡羊补牢,无异欲盖弥彰。无论法国合生元当初打扮得多么"洋"气,其产品只能说是法国代工而非法国品牌。

虽然一审认定,3·15 投诉网的行为对合生元的名誉权构成侵害,但 3·15 投诉网的代理人广东格林律师事务所杨河律师表示,文章从始至终的最大质疑是"合生元"这个品牌是否真的是法国品牌,但事实证明它确实不是法国品牌,只是在中国注册的一个品牌(商标)。所谓的"法国合生元",其实只是将由法国拉曼公司的某个分厂生产的益生菌运到国内分装后,以"合生元"的牌子销售。最终的二审认为,产品质量与大众生活紧密相关,产品安全涉及公共利益,应当将之置于公评之下,这也是舆论监督的正当要求。此举也许会对合生元的声誉造成损害,但基于对批评的容忍义务,广州合生元理应自我克制,给予必要的容忍。

2008 年 11 月终审判决合生元败诉后,合生元便将原来的商标"BIOSTIME 法国合生元"改为"BIOSTIME 合生元","法国合生元"广告中的"法国"二字也被"默默"取缔,并冠以"法国原装进口"称号。

2.1.4 招股书露本土貌,假洋身份终曝光

这场"身份门"风波直至 2010 年 12 月合生元控股的合生元国际控股有限公司拟在香港上市时发生了惊人的转折。招股书上写明,广州合生元 1999 年 8 月成立,并于 2000 年注册合生元商标。而法国的合生元公司,注册于 2008 年 7 月,注册资金仅为 1 万欧元,业务为从事儿童营养品贸易,很明显招股书披露了一切。这让合生元的身份遭到质疑。对此,罗飞不得不公开承认,这些来自法国的奶粉只在中国销售。合生元国际控股公司 2010 年股权结构见图 1。

合生元之所以被称为"本土"国产奶的原因如下。

第一,合生元总部位于广州,在中国注册,以研制益生菌起家。

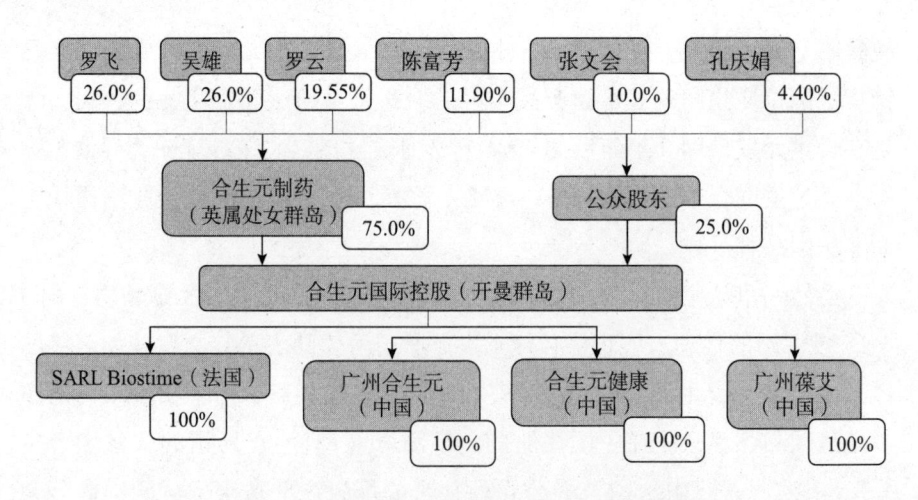

```
┌──────┐ ┌──────┐ ┌──────┐ ┌──────┐ ┌──────┐ ┌──────┐ ┌──────┐
│ 罗飞 │ │ 吴雄 │ │ 罗云 │ │陈富芳│ │张文会│ │孔庆娟│
│26.0%│ │26.0%│ │19.55%│ │11.90%│ │10.0%│ │4.40%│
└──────┘ └──────┘ └──────┘ └──────┘ └──────┘ └──────┘
```

图1　合生元国际控股公司 2010 年股权结构❶

第二，合生元的创始人罗飞既没有海外背景，也没有合作创办的海外资本，所以 1999 年的"广州合生元"的本土企业身份基本是可以被确认的。从品牌创建到管理团队，合生元无一不是在中国生根发芽。但是一直以来，合生元巧妙地利用营销策略和营销手段包装自己，与各种外资企业合作，收购它们的股份，让自己逐渐与国际接轨。而真正的"洋品牌"是指由外国企业原创或产权归外国企业的品牌，不仅在国际上有注册，还应该有在国际市场上被消费者认可的记录。随着 2010 年合生元在香港上市，它的"假洋"身份也被披露得干干净净。

第三，国内市场上洋奶粉的毛利一般在 60%～85%，而国产奶粉的毛利多在 30%～40%。而与伊利、圣元等国内奶粉大牌相比，2008 年才正式

---

❶　合生元制药：合生元制药（中国）有限公司，2001 年 2 月 8 日在英属处女群岛注册成立的投资控股有限责任公司。
　　合生元健康：合生元（广州）健康产品有限公司，2006 年 12 月 25 日根据中国法律成立的有限责任公司，合生元国际控股直接全资附属公司。
　　广州合生元：1993 年 8 月 3 日于中国成立的外商独资企业，其注册资本为 101 万美元。广州合生元的主要业务包括研发及加工营养食品，销售保健食品、奶粉及自制产品，亦批发及零售婴幼儿日用品。
　　广州葆艾：广州葆艾婴幼儿护理用品有限公司 2009 年 9 月 17 日根据中国法律成立的有限责任公司，合生元国际控股的直接全资附属公司。
　　SARL Biostime：Biostime Pharma，2008 年 7 月 24 日根据法国法律成立的有限责任公司，合生元国际控股的直接全资附属公司。

合生元:"濒临死亡"的假洋奶粉还是"重获新生"的转型之星？

介入配方奶粉市场的合生元只是个新兵。5年间，这家曾经名不见经传的企业实现了疯狂成长：销售收入从2008年的3.26亿元到2012年的33.82亿元，5年暴涨940%；净利润从2008年的0.35亿元攀升至2012年的7.43亿元，暴涨2022%。

按照这个划分，合生元高达61.9%（2015年数据）的毛利率显然已与洋奶粉看齐，将徘徊在中低端市场的国产奶"同胞"远远甩在了身后。这一点也不可否认地将它推向了假洋奶粉的行列。

2010年的港股上市虽然彻底揭开了合生元假洋奶粉的身份，但上市行为仍为合生元的年报增加了精彩的一笔。根据合生元年报显示，集团2010年实现营业额12.3亿元，净利润3.3亿元。其中高端价位和超高端价位婴幼儿配方奶粉共占婴幼儿配方奶粉总收入的95.6%。2011年实现营业额21.89亿元，同比增长77.5%；净利润5.27亿元，同比增长98.5%。据2011年年中统计，合生元在国内超高端奶粉市场占据了44%的市场份额，高端奶粉市场占比扩大到7.4%，全年在中高端市场的份额呈现提升态势。看来身份门并未给合生元带来致命的打击。

2.2 第二次麻烦——反垄断调查门

2.2.1 "反垄断调查"因何而来

早在2012年，乳业资深分析师宋亮就曾指出："国内婴幼儿乳粉市场已经完全扭曲，商家正在谋取超乎寻常的暴利，而消费者则背上愈加沉重的价格负担。作为婴幼儿这类特殊群体必需食品的乳粉，通常其价格应保持相对稳定且低廉，这是一个国家给予这些特殊群体的消费福利，但我国市场却沦为牟取暴利的场所。同样消费一罐进口乳粉，中国消费者实际受到超高价格的歧视待遇，这是不合理、不公平的。"

由于外资品牌奶粉价格始终居高不下，2013年6月我国政府有关部门宣布对合生元、多美滋、美赞臣、惠氏、雅培五大外资乳企开展反垄断调查。此次调查的目的主要是促进公平竞争、保护消费者权益。这一次的反垄断调查，国家发改委没有经过客气的约谈，而是直接启动了正式的反垄断调查程序，通知企业必须协助调查，可见发改委对重整乳品市场的决心。这一行为将引导这一行业回归理性,并最终形成有利于全行业良性发展的竞争格局。

无论从市场份额、国内外产品价差还是价格掌控能力来看,洋奶粉均有垄断操纵之嫌,发改委对其发起反垄断调查,乃是合情合理之举。缔造"炼金术"的合生元也许是因此卷入其中。也有人认为,此次调查的实质在于为未来的奶企并购做铺垫。香颂资本执行董事沈萌表示:"合生元虽然在国产奶粉中排名前三,但是其市场份额比较小。不排除此事件产生'蝴蝶效应',最终导致合生元在乳企行业的整合中成为被收购的对象。"就像2013年6月,同为香港上市公司的雅士利被蒙牛收购。在业内人士看来,雅士利属于国产品牌乳粉企业的龙头之一,但由于"假洋品牌"事件的影响,最终还是成为被收购的对象。合生元与雅士利有着极为相似的背景,它是否也会步雅士利的后尘成为被收购的对象,让我们屏息以待。

2.2.2 "反垄断调查"致何结果

2013年6月27日,合生元发布公告称,公司的全资附属公司广州合生元生物制品有限公司目前正在接受国家发改委的调查,调查主要针对广州合生元对其经销商及终端零售商销售产品的市场销售价格进行管理,可能涉嫌违反《中华人民共和国反垄断法》第14条的规定。如果调查属实,属于垄断的行为,合生元或将被处以一年度销售额1%～10%的罚款。

受此利空消息冲击,合生元在港交易27日大幅低开,股价一度跌近10%,成交量大幅放大,当日收盘合生元跌7.55%,收报43.5港元/股,创年内最大单日跌幅,可以说这场风波使合生元平稳上升的股价第一次遭受打击。

2013年7月,有关方面负责人披露,从已经调查取得的证据看,被调查的外资乳粉企业存在对经销商和零售商的价格控制行为,属于知法犯法。"这些外资乳企大多相互串通,联合操纵市场价格,一般外界不容易查到确凿证据。"此次的外资乳企遭受反垄断调查属业内头一遭,可以说国内乳业市场将迎来一场前所未有的暴风骤雨。

果不其然,最终调查结果,合生元、多美滋、美赞臣、惠氏、雅培、富仕兰等高端奶粉品牌几乎全部"落网","罪名"是涉嫌"纵向价格垄合生元:"濒临死亡"的假洋奶粉还是"重获新生"的转型之星?

断"。为了加速乳品企业整改,发改委对这些涉及价格垄断的生产企业开出了罚单,共处罚款 6.6873 亿元。这是迄今为止我国反垄断史上开出的最大罚单。合生元因为奶粉价格"超高",被处以 1.63 亿元人民币的罚款。

截至 2013 年 7 月 5 日,合生元股价下跌超过 17%,跌至 30 港元左右,市值蒸发过百亿港元。在此压力下,多数乳企选择了直接降价,惠氏首先宣布下调主力产品价格,平均降幅 11%,最高降幅达 20%。紧接着,多美滋、贝因美等企业也宣布降价。7 月 9 日,合生元发布公告称,决定从 7 月 10 日起给奶粉消费者额外赠送 50% 积分,最终通过积分回馈,使消费者能够享受约 11% 的建议零售价格优惠。承认了价格垄断,接受了国家罚款,合生元却采取了"硬扛"的做法。对此,有消费者表示:"这远没有直接降价来得实惠,一看就是诚意不足。"

其实合生元的变相降价也正说明了价格体系是其"立命之本",由于它长期以来采取给经销商高额返利的经销模式,决定了其必须采取高价才能维持销售系统,一旦价格变动很可能带来其销售体系的"裂变"。因为合生元的销售,一是靠着其强力营销链条来维持,二是所谓超高端奶粉迎合了人们对于价高即安全的追求。所以在价格方面,合生元还不敢轻举妄动。对于选择送积分这种降价方式,合生元方面表示,与雅培、惠氏这些消费者熟悉的奶粉品牌不同,合生元实行的是活跃的会员消费体系。2010 年,合生元的 78% 收入来自会员,而到 2011 年第一季度,这一数字已上升至 88%。其中,活跃会员人数由 2010 年年底的 46.55 万人增加至 2011 年 4 月的 63.29 万人。采用送积分的形式,是想借此来提高会员活跃度,同时拉动集团整个产业链的发展。合生元的消费者购买任意产品,即可轻松成为会员,消费即可获得积分,然后用获得的积分进行二次消费。对公司来说,便于直接拉动产品的销量;对消费者来说,看似做出优惠让步,实则无异于一次消费"绑架"。

2.2.3 "反垄断调查"后续发酵

2013 年 10 月 7 日,一条消息让所有人大跌眼镜,"合生元公司董事长兼首席执行官罗飞成为最新加入全球亿万富豪行列的中国企业家"。短短几个月,合生元国际控股公司的投资者已经摆脱了这次处罚的不利影响。

10月5日，合生元在香港挂牌的股票创下历史高点，上涨0.7%，股价达到了64.2港元，是最低价的一倍左右。根据合生元国际控股的2016年中报显示，罗飞拥有合生元制药28.1%的股份，而该公司又持有4.5亿股合生元国际控股的股票。按照当天的收盘价计算，罗飞手中合生元国际控股的股份的最终价值为81亿港元，约合10.5亿美元。合生元另一位董事吴雄持有合生元制药公司26%的股份，他持有的合生元国际控股的股份价值约9.7亿美元，略低于亿万富豪的入选门槛。合生元2013年6~11月的K线图见图2。

虽然经历了巨额罚款的合生元恢复迅速，但此次反垄断事件的后续影响终究不会烟消云散。分析合生元2014年和2015年年报，可以看出2014年收入同比下降4.84亿元，降幅达12.9%。2015年上半年，合生元营业收入约19.63亿元，同比下跌10.33%，净利润2.05亿元，同比下降34.4%。此外，作为合生元最明显标识的高毛利也发生了变化，合生元的毛利率也由2011年的66.5%降至2015年上半年的58.2%。合生元2012—2015年营业收入、净利润变化趋势见图3。

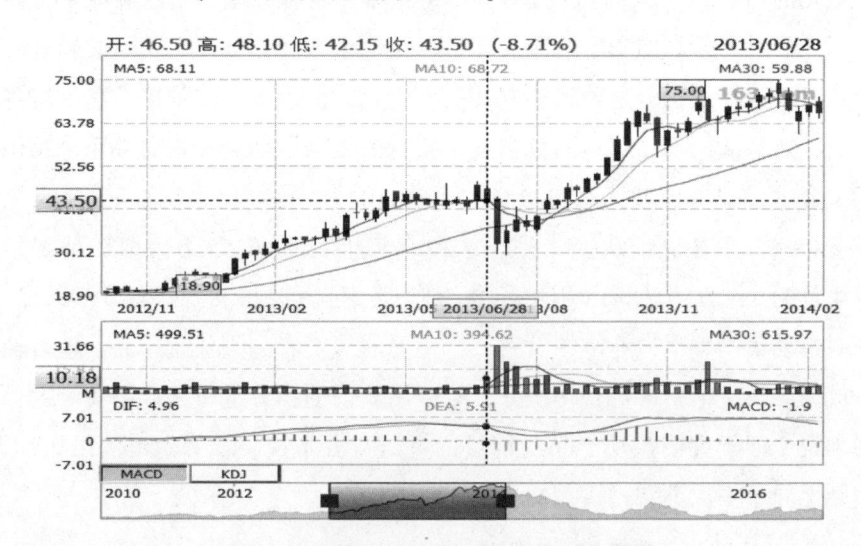

图2 合生元2013年6~11月的K线图❶

---

❶ 数据来源：同花顺财经。

合生元："濒临死亡"的假洋奶粉还是"重获新生"的转型之星？

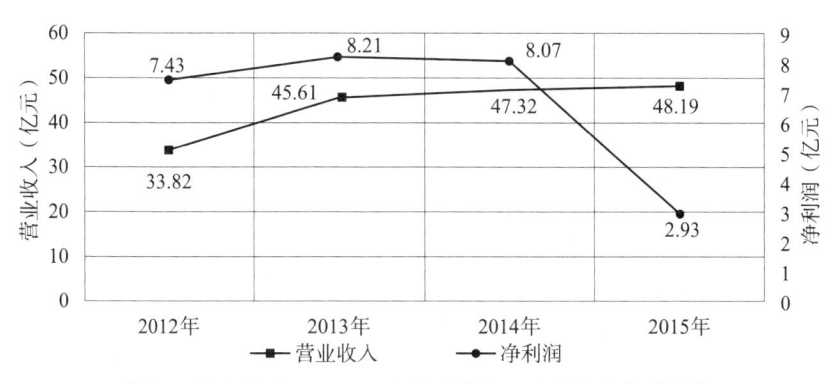

图3 合生元2012—2015年营业收入、净利润变化趋势❶

更值得一提的是，在国内奶粉企业纷纷走向海外、海外奶粉品牌争相进入中国市场的背景下，合生元"法国原装原罐"进口的优势也失去了原有的吸引力，引领多年的高端市场份额被压缩，净利润也连年下滑，高毛利时代俨然已成过去。可见虽然这两次的事件没有在当下给合生元以打击，但时间是最好的证明，后续发酵的结果让合生元开始走下坡路。合生元2015年来自婴幼儿配方奶粉的收入为人民币3355.8百万元，较2014年减少15.7%。尽管行业不景气，合生元2015年线上及线下婴幼儿配方奶粉市场的销售份额依然保持增长。根据独立市场研究公司尼尔森的调研报告，合生元全国整体婴幼儿配方奶粉市场的销售份额由2014年的5.6%上升至2015的5.9%，位居第6位。线上销售方面，集团2014年下半年推出企业对客户（B2C）线上销售后迅速获取市场份额，并在2015年跻身行业前10名。年内高端婴幼儿配方奶粉的收入占分部总销售额的65.3%，较2014年增加2.3个百分点。从这些数据来看，无论是营业收入还是净利润，虽然仍旧保持着奶粉行业的正常水平，但与过去几年大幅增长的势头相比，合生元进入增速乏力的困局，再塑高端品牌形象恐怕很难，合生元无论如何努力都很难回到过去疯狂增长的时代了。

3 收拾山河再从头

在业绩难见起色的时候，各个董事会的成员都愁眉苦脸，实在没有捷

---

❶ 数据来源：同花顺财经。

径能使合生元重回巅峰了，罗董事长却一脸淡定，用十分沉稳的声音说道："没有任何成功是一步登天的，实在不行那就回归初心，从最原始的、最基础的开始做起。"其实罗飞的话里已经包含了他对合生元最大的期许，他计划首先建立自己的国内奶粉生产经营许可工厂，然后扩大合生元此前一直忽略的中低端市场。但当前，合生元最需要的就是稳定业绩，再谋发展。

3.1 自降身份并乳企，名正言顺做本土

2013年9月，合生元在澳门首次推出最新产品"素加ADIMIL"时，他们还没有想到为这个强化婴儿营养的乳粉组合寻找国内生产线。因为"素加ADIMIL"在推出之时，合生元照旧为它定制了法国奶源、原罐进口的标签。然而3个月后，合生元却如业内人士所预料那样，以最快的速度为"素加ADIMIL"收购了一家拥有生产设备和生产资格许可证的国内乳品企业。2013年的最后一天，合生元发布公告称，通过全资控股的两家国内子公司（全资附属广州合生元及合生元健康）收购长沙营可营养品有限公司100%股权，协议总金额为3.5亿元。交易完成后，长沙营可成为合生元国际控股有限公司间接全资子公司。广州合生元及合生元健康将分别持有长沙营可的99%和1%股权。这个长沙营可营养品有限公司，在业内人士看来，是为了这次交易而催生的。长沙营可营养品有限公司成立于2013年11月26日，12月30日刚刚获得工商局核准，也就是在工商局核准当天，就被合生元宣布收购。其公报资料显示，长沙营可由湖南亚华乳业控股有限公司控股82.01%，湖南长沙亚华乳业有限公司持股17.99%，其净资产为2.112亿元。这个新成立的长沙营可营养品有限公司具备国内婴幼儿配方乳粉生产许可证，年产量可达到3万吨~5万吨，主营业务为婴幼儿配方奶粉生产。收购完成后，长沙营可将成为合生元的间接全资附属公司。

对于一向号称来自法国甚至给外界印象是法资企业的合生元来说，收购一家国内乳企在半年前还不太可能，因为它是一个一向追求超高端奶粉的品牌。用乳粉界人士余文的话说："只有进口奶源的概念，才能撑得起超高端的价位。"所以他们不会轻易使用国内奶源在国内生产。然而，

合生元："濒临死亡"的假洋奶粉还是"重获新生"的转型之星？

2013 年的中国乳企在经历了多次食品质量安全、价格垄断等事件的惨痛教训后，显然铆足了劲想颠覆眼下良莠不齐的状态。

值得一提的是，此前有报道称合生元拟收购南山乳业，以控制其牧场资源。而根据发布的收购信息看，合生元此次收购的虽非南山乳业，但却是其关联公司。不过，合生元方面表示，这次交易并不含牧场资源，新产品仍将使用进口奶源进行生产，收购的核心在于生产能力。而对于此次合生元收购长沙营可公司，在乳业专家宋亮看来，可谓双赢的结果。宋亮表示，南山乳业受食品安全问题影响较大，但是南山股份有自己的牧场和生产线，这样一家企业不应该退出市场。另外，国家对本土乳粉企业的扶持政策在加大，合生元通过收购国内企业可以更好地享受政策上的优惠。而在香颂资本执行董事沈萌看来，合生元原本产品主打基于进口奶粉的再生产与高端市场，因此在下一阶段婴幼儿配方奶粉大整合中，这种产品线的企业很可能无法在规模上与其他包含高中低端全产品系列的对手有效竞争。可以说合生元是为了补足自己在中低端和三、四、五线城市的市场，才会选择收购此前身陷食品安全问题的湖南亚华，由此建立专门面向中低端市场的国产奶粉基地。

2014 年年初，合生元终于有了自己在国内的生产资格许可证。作为国内最大的贴牌乳粉企业之一，在乳业政策向贴牌企业一步步收紧时，他们终于可以稍稍安心了。尽管，这或许会影响其一贯自诩的来自法国的"娇贵"身份。

3.2 新秀出台应政策，业绩破表恐难觅

受宏观经济变动、监管政策调整、"单独二胎"政策等影响的 2015 年，国内婴幼儿奶粉行业集中度进一步提升，行业竞争更趋于白热化。合生元开始将产业布局延伸到欧洲，寻求先进科研力量，革新核心奶粉配方。为此，全新 SN-2 PLUS 系列配方奶粉在这种大背景之下应运而生，意在通过提高产品技术含量和附加值，以此来提升企业产品的市场竞争力并增加利润空间，从而应对当前激烈的价格战。

此外，合生元于 2013 年年底推出了定位中端市场的素加奶粉，但由于素加与合生元共用同一渠道和销售团队，很大一部分的业绩增长反而会抢

夺合生元高端奶粉的市场份额，导致整体业绩的增长乏力。业内人士分析认为这是合生元战略方面出现了问题，虽然提高了一点点业绩，但明显降低了自己的品牌档次。现在独立出来运作，时间也有些晚，不仅抢了自己的市场，也拉低了品牌形象，不仅没有达到预期，还增加了很多运营成本。这次的 SN-2 PLUS 新奶粉会成为坚定合生元国产奶粉形象的助力军还是会成为第二个素加，合生元对此还是充满信心的，但也不免有人指出 SN-2 PLUS 在玩概念产品。

2015 年奶粉企业的日子都不好过，一般七八月份都不该搞促销，但如今各大品牌都在打折促销。一个原因是消费不景气，其次是超低价格奶粉的进入对原有高价奶粉造成了冲击，逼着高价格奶粉降低价格。此次合生元依旧没有直接降价，而是升级产品配方，推出全新 SN-2PLUS TM 系列配方奶粉。合生元称该升级产品为接近母乳的第四代配方奶粉。然而业内人士认为，该产品只是换了一个概念而已，产品类似目前高端市场的 OPO 奶粉，像君乐宝、启赋等各大企业都有类似的产品推出，并不是一个全新的产品。此前，澳优也推出了第四代配方奶粉。之所以换个概念是因为 OPO 的概念已经被叫乱了，只增加一点成本就要卖个很高端的价格。找个概念做产品升级的玩法，在业界并不是新鲜事，用换汤不换药的形式讲故事，消费者未必买账，通过找一个卖点就想突破业绩增长的天花板很难。

3.3　视野独到并外企，再穿新衣走新路

2015 年 9 月 17 日，合生元国际控股有限公司（1112HK）发布公告，宣布斥资 76.76 亿港元收购澳大利亚著名企业 Swisse 83% 的股权，并重新定位自身为"全方位的高端家庭营养及护理供应商"。合生元在收购报告中称，Swisse 是中国海淘一族热衷的品牌，有超过 50 年的历史。Swisse 的主要业务为以 Swisse 品牌于澳洲及新西兰研究、制造及分销维生素及营养补充品。Swisse 为澳洲维生素、草药、矿物补充品方面的市场领导者之一，市占率超过 18.0%。

Swisse 到来之后，合生元产品组合扩展至成人营养及护理用品领域，产品包括以 Swisse 为品牌的维他命和保健品。2015 年年底，合生元开始在

第五章 合生元："濒临死亡"的假洋奶粉还是"重获新生"的转型之星？

"妈妈100"App直销Swisse品牌产品，受到中国客户的热捧。Swisse的财务业绩于2015年第4季度合并至合生元集团财务账目后，为合生元新增销售额人民币849.9百万元，占总销售额约17.6%，为合生元2015年第4季度业绩提供可观的销售贡献。2016年3月，合生元在天猫国际"Tmall.hk"开设首间旗舰店，正式向中国市场推出维他命和保健品，开业以来顾客流量持续飙升。

2016年8月23日晚，合生元发布了2016年上半年的财报，财报显示：合生元2016年上半年取得收入30.08亿元，同比增长53.3%；毛利19.28亿元，同比增长68.7%，而净利润上升至4.05亿元，同比增长高达97.6%。合生元官方称，半年多来，合生元顺利对Swisse进行业务整合，并正式启动中国市场。收购Swisse以来，其业绩表现理想，持续为集团收入做出贡献。凭借婴幼儿配方奶粉及维生素、草本植物和矿物补充剂领域的两个强劲品牌，合生元具备有利条件于瞬息万变的行业中维持领先市场地位。

另外，从2016年上半年财报中我们还可以看出，合生元半年收入当中，婴幼儿营养及护理产品部分贡献约占57.3%，而剩余42.7%来自成人营养及护理产品分部。来自婴幼儿营养和护理产品分部的收入较2015年同期减少约12.2%，来自婴幼儿配方奶粉的收入减少14.0%。收入的减少主要由于中端产品竞争加剧，素加品牌下的中端婴幼儿配方奶粉产品销售额下滑65.7%。尽管分销商因为法规变化的不明朗因素而减少库存持有水平，来自合生元品牌产品的收入维持却相对稳定。尤其值得一提的是，在此大环境下，合生元品牌益生菌强劲上扬，取得12.8%的增长。

由于处于行业整合期，新规定的中长期正面影响也为合生元集团增强市场地位带来机遇。2016年上半年，合生元集团开始善用其先进营销模式和分销能力，以增强品牌知名度并加强在中国的线上战略合作伙伴关系。同时，为达到未来业务增长及产品差异化的目标，合生元计划于2016年年底推出Healthy Times品牌有机婴幼儿配方奶粉产品，以增加快速增长的有机分部的曝光。预计未来合生元将采取积极的营销活动，以促进Swisse产品在中国市场的主动销售，旨在应对被动销售潜在的下滑趋势。

此外，合生元的上半年财报中还指出，集团的长远目标仍是成为整个家庭营养及护理产品的领先供应商，并继续专注多元化优质婴幼儿及成人营养与护理产品系列的创新。集团亦将投资整个企业，包括品牌营销、人才及经营能力，以保持竞争优势，实现长期可持续增长。

目前，Swisse在天猫和淘宝电商平台成为医疗保健类产品的第一品牌。未来，合生元还将寻求在多个跨境电子商务平台销售Swisse产品。

3.4 初尝甜头喜兴奋，全面并购势必行

2016年12月15日，合生元国际控股有限公司（股票代码：1112HK）发布公告，宣布以3.11亿澳元收购Swisse剩余小股东17%的股权，实现对Swisse的完全控股。合生元集团主席兼首席执行官罗飞表示，完全控股可进一步加强集团内部协同和资源整合。合生元此举反映出奶粉企业在发展瓶颈与增长压力的矛盾面前，开始寻求转型，与奶粉关联度较高的保健品成为众多奶粉企业的选择。

在各方压力下，合生元明确表示，希望通过收购该公司转而成为"家庭营养品供应商"。由此，我们可以看到，合生元的产品布局已经非常清晰：围绕准妈妈和宝宝提供专业、健康、安全的产品和服务，提供育儿营养和护理解决方案；同时延伸至家庭健康领域，构建核心的品牌生命力，实现主业核心不变，战略支撑拓宽，在实现企业利润最大化的同时，规避行业风险。

在未来的发展方向上，合生元表示其将致力于满足客户不断增长的多样化需求，且借助其在婴幼儿及成人和营养及护理领域的全球卓越研发网络，寻求利用强大品牌资产及分销网络在不同市场扩充产品种类。合生元只是奶粉企业的缩影，奶粉行业正在进入微利时代，竞争逐步白热化，传统奶粉企业纷纷向更广的范围转型，这也将成为乳粉行业的常态。罗飞先生表示："集团深信，战略和强大的执行能力是获取业务成功的保障，有助于抓住婴幼儿与成人营养及护理的商机。"

3.5 战略转型获成功，企业更名定"健合"

2017年3月27日晚间，合生元国际控股有限公司公布截至2016年12月31日的全年业绩。面对婴幼儿配方乳粉激烈的市场竞争及监管政策的重

大变动，合生元集团引领各项业务迎难而上，合生元品牌奶粉业绩稳中有升，Swisse 通过跨境电商平台在中国开展主动销售，集团内部收购后的业务整合卓有成效。2016 年为合生元集团收购 Swisse 后的首个完整财年。财报显示，集团全年销售 65.06 亿元，业绩创新高，同比增长 35.0%，净利润为 10.52 亿元，同比增长 259.6%。Swisse 收入为 542.5 百万澳元，较 2015 年同期增加 2.6%。2016 年 Swisse 在澳洲维生素、草本及矿物补充剂市场保持领先地位，市场份额为 16.6%。

3 月 28 日，合生元集团主席兼 CEO 罗飞表示，为了准确表现传统婴幼儿配方乳粉业务及成人营养与护理用品两项业务在合生元的同等重要性，以及共同的企业文化和价值，合生元计划以新的命名重新定位，以体现该公司新的使命和愿景。4 月 3 日，合生元发布了建议更改公司名称的公告：公司董事会建议将公司的英文名称由"Biostime International Holdings Limited"更改为"Health and Happiness（H&H）International Holdings Limited"。公司的中文名称由"合生元国际控股有限公司"更改为"健合（H&H）国际控股有限公司"。

5 月 22 日，罗飞在举办的"激情燃烧，共赢未来"2017 年合生元经销商大会上宣布，合生元集团正式更名为"健合集团（Health & Happiness Group）"。集团将秉承"让人们更健康更快乐"（Making people healthier and happier）的使命，致力于创造差异化的优质产品及令人向往的品牌，成为全球高端营养及健康产业的"领导者"。

4 人是物非笑春风

如今的合生元已不再是那个"濒临死亡"的假洋奶粉品牌，不忘初心的它在重振旗鼓后选择了转型，适时并购了发展正旺的 Swisse。家长还是那些家长，孩子却已成长得出类拔萃，虽然也为家长惹出了不小的麻烦，但好在其根基扎实，不经历风雨又如何见彩虹？原来的孩子在经历了 17 年的风吹雨打之后，昂首阔步地迈向了自己的成人之年，愿他能够一如既往地笑看春风，笑看人生。

5 尾声：中国乳业，明天去哪儿

为稳定奶粉市场秩序，振兴本土乳业发展，国家连续出台婴幼儿配方奶粉政策，加强监管，经过几年的市场回暖，国内本土品牌逐渐走出了过去的阴霾。与此同时，残酷的价格战和配方奶粉注册制使得本土奶粉品牌的竞争也越发激烈，中国乳企的日子也过得越发紧张。合生元现阶段业绩受到的影响也比较大，它以前主要销售高端奶粉，但是现在受跨境电商等低价进口奶粉的销量冲击，其高价政策在奶粉大战中已经毫无优势可言。所以要在行业中立于不败之地，转型发展成为合生元乃至整个中国乳企眼下的发展之路。

从整体来看，国产奶粉的转型是一个艰难的过程，也存在很大风险。当前国内的贝因美、雅士利、合生元等乳企都在朝着各自的方向寻觅出路。前有雅士利在渠道转型、供应链整合上大刀阔斧地改革，它面临的转型难题是如何将蒙牛、多美滋、达能打通，做好产业链和本土外资的资源整合。后有贝因美从奶粉向亲养教相结合转型，现正开拓儿童奶、亲子食品等新市场。如今又有合生元转型涉足保健品行业，收购澳洲保健品巨头Swisse，将旗下原来独立的合生元、素加、葆艾事业部合并为"婴幼儿营养及护理业务单元"，从婴幼儿配方乳粉业务转向婴幼儿营养与护理、家庭营养两大板块。无独有偶，我国本土品牌澳优乳业2016年以1.59亿元收购澳洲专业营养品公司Nutrition Care，进军全球营养品市场。值得一提的是，蒙牛也提出将健康作为可持续发展的核心战略，要成为创新引领的营养健康食品公司。2016年10月，国务院印发《"健康中国2030"规划纲要》，"健康中国"上升为国家战略，随着乳品行业日趋饱和，大型乳企纷纷从传统乳制品转向毛利更高、市场空间更大的大健康产业，乳业转型升级向营养和健康方向发展将是一个必然的趋势。保健营养品行业作为与乳业连接最紧密的行业，或许在未来会成为众多乳企转型优化首选。

奶粉行业已经进入微利期，调整转型成了主旋律，不转型必死。受产能过剩、品牌众多、价格与国际接轨的影响，国产奶粉至少还要经历3~4

合生元:"濒临死亡"的假洋奶粉还是"重获新生"的转型之星?

年的转型阵痛。中国乳企中坚力量的转型代表了中国乳业未来的发展方向,与此同时它们也呼应着更公平、更有秩序的市场。国家应该扎牢相关制度的篱笆,对于奶粉这一类涉及公共安全的产品,应该从国家安全的高度加强管理,还消费者一个放心。中国乳业的明天,必定会向着更安全、更稳定、更合理的方向发展!

第六章　险资举牌，阳光"照进"伊利

摘　要：宝万之争尚未落下帷幕，股权分散的乳企龙头伊利的股份又遭险资举牌，再度引发"险资野蛮人"的争议，更让人们对受资本市场冲击的中国实体经济的未来发展感到担忧。本案例介绍了阳光保险举牌伊利事件的来龙去脉，分析了伊利、阳光保险、乳业方代表、保监会、证监会、制造企业、险资等直接或间接各方的利益博弈、立场、行为和举措及其对事件的影响。伊利后续发展如何？关系国计民生的食品行业如何在金融资本的冲击下更好地抵御风险、健康发展？值得我们持续关注。

关键词：伊利股份；阳光保险；实体经济；举牌；定增募资

第六章

险资举牌，阳光"照进"伊利

引 言

2014年，因安邦的大手笔海外投资与举牌国内蓝筹股浪潮，险资开始进入公众视野，人们皆惊于"险资凶猛"！2015年万科宝能之争的戏剧性资本故事，使险资成为万众瞩目的对象，被称为"不受欢迎的野蛮人"。一时之间，谁将成为"下一个万科"的魔咒令众多股权分散的上市公司倏然警惕。2016年阳光保险举牌伊利，更使举牌潮白热化，引起市场对险资举牌动机的广泛猜测。关于"伊利股份未来控制权归属""资本跳板""乳业格局是否发生变化"等猜测甚嚣尘上。伊利会否成为"第二个万科"？伊利是否会成为资本市场争权夺利的牺牲品？关系国计民生、健康安全的食品行业是否允许金融资本长驱直入，这些对资本冲击抵御能力较弱的民生行业应如何防范风险、健康发展，值得各方关注深思。

1 双方简介

1.1 乳企巨头伊利及发展历程

内蒙古伊利实业股份有限公司创立于1993年6月，于1996年在上交所挂牌上市。下设液态奶、冷饮、奶粉、酸奶和原奶5个事业部，130多个所属企业，公司生产的1000多个品种的产品通过了国家绿色食品认证。伊利股份凭借着董事长潘刚敏锐的行业洞察力、卓越的战略规划能力和统御全局能力取得了骄人的业绩，在创新、品质、品牌、渠道和全球布局方面实现了全面领先和全方位突破。

伊利股份的发展历程可以说是中国乳业从小到大、从弱到强的历史缩影。伊利不断引领行业升级创新，开创了中国乳业的"黄金十年"。从中国内蒙古自治区走向世界的伊利，目前拥有自建、在建与合作牧场合计2400多座，规模化集约化牧场在奶源供应比例中接近100%，居行业首位，是国内乳企龙头。伊利通过与国际接轨，构建了全球资源、全球创新、全球市场三大体系。伊利成长历程详见表1。

表1 伊利股份大事记[1]

时 间	事 件
1993 年	内蒙古伊利实业股份有限公司成立
1999 年	成立第一个液态奶事业部，带领中国乳业全面进入"液态奶时代"
2001 年	被授予中国食品工业 20 大著名品牌
2002 年	所属的液态奶事业部率先通过了 HACCP 管理体系认证，成为国内乳业第一家实现食品安全有效监控的企业
2003 年	获得 ISO 14001 环境管理体系的资格认证证书
2005 年	主营业务收入突破 100 亿元大关，成为首家突破百亿元的企业
	牵手北京奥运会，成为国内唯一一家符合奥运标准、为奥运会提供乳制品的企业
2009 年	成为唯一一家为 2010 年上海世博会提供乳制品的中国企业
2013 年	年初获得了新西兰建厂项目的批准，后与美国乳业巨头 DFA 达成战略合作关系，随后与意大利乳业巨头斯嘉达达成战略合作关系
2014 年	在荷兰合作银行发布的《2014 年全球乳业 20 强》报告中升至第 10 位，成为唯一一家进入全球 10 强的亚洲乳品企业
	总营收和净利润连年行业第一
2015 年	营收首破 600 亿元，业绩双增稳居亚洲第一
2016 年	阳光保险举牌伊利，成为伊利大股东
	登上胡润榜食品饮料类第一
	收购中国圣牧，掌握圣牧 37% 的股权
	荣登"百度品牌数字资产榜"的榜首

1.2 伊利股权结构

伊利股权结构比较分散。2016 年 6 月 30 日，伊利前十大股东中，持

---

[1] 资料来源：伊利官网。

股高于5%的股东仅有2家，第一大股东呼和浩特投资有限责任公司仅持有公司不足9%的股权，这意味着公司没有控股股东和实际控制人。伊利这一分散的股权特征与深陷宝万之争的万科十分相似。伊利与万科股权结构对比见表2。

与国内几大乳企相比，伊利股权也是相对分散的。蒙牛乳业的大股东中粮集团、达能和爱氏晨曦组成的合资公司持有蒙牛31.5%的股份，三元股份的大股东首农集团持有三元35.79%的股份，光明乳业的大股东光明食品持有光明54.35%的股份。故而，伊利分散的股权结构将会使其在抵御恶意收购时存在一定的风险。

表2 伊利与万科股权结构对比❶

伊利	持股比例（%）	万科	持股比例（%）
呼和浩特投资有限责任公司	8.79	华润股份有限公司	14.89
香港中央结算有限公司	6.22	HKSCC NOMINEES LIMITED	11.9
潘刚	3.89	国信证券—工商银行—国信金鹏分级1号集合资产管理计划	4.14
中国证券金融股份有限公司	3.06	GIC PRIVATE LIMITED	1.38
阳光人寿保险股份有限公司	1.80	刘元生	1.21

注：伊利股份截止到2016年6月30日被阳光第一次举牌前；万科股份截止到2015年6月30日被宝能第一次举牌前。

1.3 阳光保险组成及发展历程

阳光保险，国内七大保险集团之一，成立于2005年7月，由中国石油化工集团公司、中国南方航空集团公司、中国铝业公司、中国外运长航集团有限公司、广东电力发展股份有限公司等大型企业集团发起组建。近年来，随着阳光集团版图的扩张，阳光保险旗下已拥有财产保险、人寿保险、信用保证保险、资产管理、融和医院、惠金所等多家专业子公司，跻身113家保险公司中的前十大巨头，资产规模位列第7。阳光保险发展历程见表3。

---

❶ 资料来源：新浪财经。

表3 阳光保险大事记❶

时间	事件
2004年	阳光保险创业团队聚集北京，正式踏上阳光之旅
2005年	阳光财产保险股份有限公司正式成立
2007年	阳光人寿保险股份有限公司成立
2009年	截至2009年12月15日，阳光保险集团保费收入达100.26亿元，首次突破百亿元大关
	率先在行业内成立了全国性青年志愿者组织"阳光保险青年志愿者协会"，注资成立了"北京市阳光保险爱心基金会"
2010年	成立5周年，被中企联授予"2010年全国企业文化示范基地"称号
2013年	累计上缴税收突破100亿元
	荣获"中国企业500强"及"中国服务业企业百强"
2015年	阳光系通过名下的阳光人寿、阳光产险，仅在A股就已举牌承德露露、凯瑞德、中青旅、凤竹纺织、胜利股份、京投发展等上市公司
2016年	阳光保险举牌伊利股份和吉林敖东

2015—2016年，阳光保险在资本市场表现异常活跃。通过阳光人寿、阳光产险、北京阳光融汇医疗健康产业成长投资管理中心等多个平台及产品，不断增持多家上市公司股票，投资版图还涉及基金、各种债券、资管产品、股权投资等。不到2年的时间内，阳光保险举牌了8家A股上市公司，在二级市场投资了近200家企业，成为搅动资本市场的一股重要力量。

2 乳业龙头遭遇多事之秋

2.1 险资高调举牌伊利

一切来得太突然，继宝万之争后，险资阳光系高调举牌伊利股份。2016年9月18日，伊利股份披露，2016年9月14日，阳光保险旗下子公司阳光产险通过上海证券交易所的集中交易系统增持伊利股份，增持的股份占总股本的0.09%。本次增持前，阳光保险占伊利总股本的4.91%，而

---

❶ 资料来源：阳光保险官网。

在增持之后，阳光保险集团旗下的阳光人寿和阳光产险将合计持有伊利股份约 3.03 亿股，占伊利总股本的 5%，触及举牌。

2.2 阳光布局伊利路径

阳光进入伊利最早可以追溯到 2015 年年底。在 2015 年第四季度，阳光人寿持有的伊利股份占总股本的 1.83%，位列伊利股份的第五大股东，成为新晋大股东。2016 年第一季度和第二季度阳光保险持伊利股数未发生变化，在 2016 年 7 月和 8 月阳光保险持续买入伊利股份，并在 9 月 14 日持股比例达到 5%。具体布局路径见表 4、表 5。

表 4　阳光布局伊利路径❶

时间	事件
2015 年第四季度	阳光保险持股伊利 1.09 亿元，占总股本的 1.80%，位列第五大股东
2016 年第一季度	持股数未变
2016 年第二季度	持股数未变
2016 年第三季度	持续买入
2016 年 9 月 14 日	持股比例达到 5%，触及举牌

表 5　举牌前后伊利前五大股东持股比例

举牌前	持股比例（%）	举牌后	持股比例（%）
呼和浩特投资有限责任公司	8.79	呼和浩特投资有限责任公司	8.79
香港中央结算有限公司	6.22	香港中央结算有限公司	6.22
潘刚	3.89	阳光人寿保险股份有限公司	5
中国证券金融股份有限公司	3.06	潘刚	3.89
阳光人寿保险股份有限公司	1.80	中国证券金融股份有限公司	3.06

2.3 宝万剧情再上演？

阳光举牌伊利与宝万之争有诸多相似之处。首先，二者在行业中都处于龙头地位，拥有良好的品牌和声誉，且盈利出色；其次，二者股权都较分散，没有实际控股股东；再次，管理层都有进一步增持公司股份的动

---

❶ 资料来源：新浪财经（表 5 同）。

机;最后,被保险公司举牌后,保险公司都表示自己是财务投资者,不谋求控股股东地位。曾几何时,宝能在买入万科之初,亦做出过类似的承诺,然而转瞬之间,宝能已经持有万科的股份超过了25%,成为最大的股东。宝万前车之鉴,难免引发各种猜测,宝万剧情将会重新上演之声不绝于耳。

然而,阳光保险并非宝能,二者之间能否出现另外一个"恒大"尚未知晓,宝万剧情重演之说为时尚早。从过往的投资历史看,阳光保险在二级市场投资了198家上市公司,没有一家是第一大股东。阳光保险很大程度上不会像宝能一样成为伊利的一个恶意收购者,至少它在乳业上下游并没有成熟和成形的布局来对伊利进行整合,这一点不像宝能本身旗下有宝能地产。然而即便阳光保险不做恶意收购者,伊利也很难说在未来不会遇到新的"野蛮人"主动来敲门。

当险资宝能系"入侵"国内第一大房企万科后,谁也没想到中国第一大乳企伊利也面临来自险资阳光系的举牌风波。公告一出,引起市场轩然大波。在险资纷纷于二级市场彪悍举牌的背景下,阳光保险此次举牌伊利股份这支大蓝筹股,其举牌动机引起广泛猜测。

2.4　举牌动机引猜测

查看伊利股份近几期财务报表股东变动情况以及阳光布局伊利路径,可以感觉到阳光保险对伊利股份的举牌像是一次长期计划后的闪电行动。

阳光举牌伊利股份的动机之所以引起市场广泛猜测,现在看来原因如下。首先,举牌的时间点颇值得玩味。2015年年末,阳光保险突然进入伊利股份,持有1.83%的股份,位列伊利股份第五大股东。随后2016年4月买入100股,7月卖出200股,8月再卖出100股——形同散户一般的交易记录,没有引起任何人的注意,然而在2016年9月14日阳光保险举牌伊利股份。其动机令人好奇,引人猜测。其次,伊利与阳光保险举牌的其他A股上市公司存在明显不同。此次举牌的伊利股份无论从整体市值、行业地位还是品牌影响力,都要远胜于此前阳光保险举牌的承德露露、中青旅、京投银泰等上市公司。截至2016年9月14日收盘,伊利股份市值达到977亿元。而承德露露、京投银泰和中青旅三者市值合计只有323亿元,不过伊利的30%左右。这意味着阳光保险举牌伊利股份需要动用不少的资金，而且埋伏半年多之后突然出手，显然是有备而来。

业界猜测阳光举牌伊利的动机不单是看好伊利发展前景如此简单，更像是资本运作的一个跳板，有可能会继续增持以获取公司控制权。有可能出现的情况是：阳光夺取伊利控制权后，参与战略决策，利用伊利盈利能力以及现金流扩展非乳业业务，将伊利作为一个平台，进行其擅长的股权投资，进而从中谋利。作为市场上的"白马股"，被广泛看好的伊利若是沦为险资攫取利益和资本布局的工具，着实让人心痛。举牌伊利股份后阳光保险的下一步行动，也成为资本市场的关注焦点。

3 阳光伊利频交手——举牌潮加剧

3.1 阳光第一招：示好不夺权

阳光保险举牌伊利股份之后，一再表示是出于对伊利股份未来发展前景的看好所进行的财务投资，不主动谋求公司控制权。2016年9月20日，阳光保险在举牌之后随即做出"两不"承诺："不主动谋求成为伊利股份第一大股东"和"未来12个月内不再增持伊利股份"。面对市场的过度猜想，阳光保险再次重申："阳光保险作为一家市场化企业，完全有能力自主做出决策与判断，以上承诺都不会因为任何相关变化而变化，不会因为市场某些过度解读而变化。"其在声明中表示："市场经济与社会运行之中有失信与欺诈，但更多的是信任与信用。保险业的立业之本是信用，阳光视信用如生命，承诺一旦做出，恪守坚如磐石。"

尽管阳光保险极力表示自己是资本市场中的"文明人"，中国保监会保险资金运用监管部主任任春生也来"安抚"，为阳光保险背书，表示阳光保险的经营管理和投资行为整体是相对规范和稳健的，此次5%的举牌行为符合规则规定与程序。但阳光保险此次举牌行为仍然让伊利如临大敌。

由于险资在资本市场上来势汹汹，如今阳光虽竭力示好，却也难与"野蛮人"这一称号划清界限。早在2013年，生命人寿就举牌上市公司农产品。2014年，安邦连续举牌招商银行、金融街、民生银行、金地集团。2015年，以前海人寿（宝能系）、国华人寿等为代表的险资频频发力，引起市场强烈关注。尤其是宝能系争抢万科股权的凶悍手法，让险资的"野蛮"色彩尤为突出，背负着"野蛮人"的称号。

3.2　伊利见招拆招第一招：停牌求万全

2016年9月19日，伊利股份发布公告称其公司股票即日起紧急停牌，连续停牌不超过10个交易日。公告原文内容如下：

内蒙古伊利实业集团股份有限公司重大事项停牌公告

本公司董事会及全体董事保证本公告内容不存在任何虚假记载、误导性陈述或者重大遗漏，并对其内容的真实性、准确性和完整性承担个别及连带责任。

内蒙古伊利实业集团股份有限公司（简称"公司"）正在筹划重大事项，该事项可能涉及重大资产重组或非公开发行股票，鉴于该事项存在重大不确定性，为保证公平信息披露，维护投资者利益，避免造成公司股价异常波动，经公司申请，本公司股票自2016年9月19日开市起紧急停牌，连续停牌不超过10个交易日。

公司承诺：公司将尽快确定是否进行上述重大事项，并于股票停牌之日起的5个工作日内公告事项进展情况，10个交易日内明确该事项及停复牌事宜。

公司信息披露指定媒体为《中国证券报》《上海证券报》及上海证券交易所网站：http://www.sse.com.cn，敬请广大投资者注意风险。

特此公告

内蒙古伊利实业集团股份有限公司
董事会
2016年9月19日

伊利紧急停牌，避免重蹈万科覆辙。此次举牌后阳光保险持有伊利5%的股份，位列第三大股东。虽然阳光保险称不再增持，但也不排除反悔的可能，这对于伊利而言是非常危险的。如果阳光保险一旦发力，伊利现有的股权结构以及管理团队就会受到冲击，作为产业链条长、环节复杂的乳制品企业，第一大股东的更替所带来的变化将影响到生产、销售等各个环节，伊利未来能否依然保持乳业第一的位置，将无法预料。

伊利紧急停牌是面对险资举牌的暂时反击。伊利宣称公司正在筹划重大事项，该事项可能涉及重大资产重组或非公开发行股票，外界普遍认为这是伊利为反收购做出的对策。对于阳光保险的承诺，伊利方面似乎并不信任。阳光保险大幅增持伊利的时间是2016年7月和8月，当时伊利就曾公布计划修改章程公告，提前构筑反收购高墙，不过因有些条款与证券法等相违背而遭到上交所问询。而此次伊利的紧急停牌，再次印证伊利对阳光保险承诺的不信任。

3.3 阳光第二招：险资喊冤求放过

面对市场的诸多猜测，险资喊冤。阳光保险表示，作为一家金融机构，经营十分注重长期性和稳健性，始终坚持谨慎稳健的投资风格，对外长期投资主要是看好被投资行业及公司前景。公司持有多家"食品饮料"上市公司，偏爱与消费领域密切相关的稳健性公司，而不是热衷地产等行业，不存在赚取快钱的行为。此次举牌伊利股份，也正是认可伊利股份的投资价值。另外，阳光保险在二级市场投资的数百家上市公司中，并没有使用杠杆，没有一家是第一大股东，亦没有持股超过10%的，仅有4家持股超过5%；在一级市场投资的数十家上市公司中，阳光保险也曾把投票权主动让给管理层，并未谋求控股权。阳光保险此次以市场化方式举牌伊利股份却招惹非议，实在无奈。一位保险资产管理公司副总经理也表示："在股灾之际，保险资金积极救市，增加权益类投资和蓝筹股票投资，如今竟然引来如此非议，令人寒心。"

3.4 伊利见招拆招第二招：联姻圣牧化危机

停牌了一个多月的伊利股份，宣布联姻圣牧。2016年10月22日，伊利发布《伊利股份2016年度非公开发行股票预案》，表示公司拟向内蒙古交投等5名特定投资者非公开发行股票5.87亿股，用于收购中国圣牧37%的股权，投资新西兰乳品生产线建设项目、国内高附加值乳品提质增效项目、运营中心投资及云商平台项目,另拟实行股权激励,将公司0.99%股份授予294名员工。此次伊利股份定增募集资金的最大部分拟用于收购中国圣牧股份,收购完成后,伊利将成为圣牧控股股东。

伊利股份入驻圣牧,危机暂时化解。在短期内可以起到一定的防御作用:一是阳光保险承诺一年内不再增持公司股份,不主动谋求大股东之位,定增后阳光保险股份被稀释到举牌线下,一年后若再举牌,伊利股份会有时间进行再次反击;二是新引入投资者股份锁定5年;三是呼和浩特投资有限责任公司和潘刚等管理层以及呼和浩特市城市资产经营投资公司等新进入投资者股权份额合计超过20%,同步推出的6000万份股票期权与限制性股票激励计划在一定程度上也能够起到对公司经营管理稳定的补充作用,定增使得股价增长对再增持成本也造成一定影响。但是从长期看,公司股权分散极易遭遇控制权争夺的状况依然没有改变,反而会加剧该现象。本次增发的股份、期权等,因没有转让表决、一致行动人等相关协议,再次分散了公司股权结构,为控制权的稳定埋下更大隐忧。

此次伊利收购圣牧,双方各得所需(见表6)。对伊利而言,有利于伊利股份获得香港上市公司平台,可扩大海外资本市场知名度。对于圣牧而言,通过出售股权能够与行业龙头捆绑,无论对上游还是下游的扩展,都有了资金和实力的靠山。而且,通过此次联姻,圣牧的有机奶产品能嫁接伊利现有的品牌基础、销售渠道、市场影响力,从而产生一定的协同效应,提升现有有机乳制品业务的竞争力。

表6 收购圣牧前后伊利前五大股东持股比例[1]

举牌前	持股比例(%)	举牌后	持股比例(%)
呼和浩特投资有限责任公司	8.79	呼和浩特投资有限责任公司	8.02
香港中央结算有限公司	6.22	香港中央结算有限公司	6.26
阳光人寿保险股份有限公司	5	阳光人寿保险股份有限公司	4.56
潘刚	3.89	潘刚	3.40
中国证券金融股份有限公司	3.06	呼和浩特市城市资产经营投资公司	2.94

[1] 资料来源:新浪财经。

4 舆论发酵，双方各执一词

4.1 多方力挺伊利：中国乳业经不起折腾

阳光保险举牌伊利，引起了多方人士的担忧。中国奶业协会秘书长谷继承承认，奶品企业上市，是为了借助社会资金更好、更快地发展，如果把奶业龙头企业当成资本运作的跳板，势必会使奶农的利益受损、加工企业受到冲击，从而会影响到整个中国奶业的健康发展。中国奶业协会不愿看到这种局面的发生。

中国乳制品工业协会秘书长刘美菊称，近年来有不同资本通过多种渠道进入乳业，需考虑其不利因素干扰行业的发展。一方面，我国乳业正处于转型阵痛期，相对脆弱，经不起太多因素的干扰；另一方面，乳业产业链长，且产业链分布上大多为中小型企业甚至是奶农，本身抗风险能力极弱，一旦产业链上核心龙头企业出现问题，必定一损俱损，影响面极大，很有可能带来很多不可想象的后果。

乳业专家宋亮认为，"野蛮人"的初衷是取得短期投资效益，有可能会要求被攻击的企业在短期内做出大幅提升业绩的举措如扩张、裁员、剥离等，刺激股价快速上涨。但这种投机性与乳业所需的长期深耕恰恰是背道而驰的。在宋亮看来，险资此次举牌伊利股份，虽然达到控股的可能性不大，但是会对伊利的发展带来很多不确定因素。一旦资本控股乳企，将其当成资本运作的跳板，将可能造成公司动荡，往往会带来非常严重的后果，不仅企业自身发展难以保障，甚至会对整个行业发展带来极大的负面影响。而像伊利这样的龙头企业，容不得资本兴风作浪。

4.2 各界为险资正名：警惕道德绑架

对于阳光的"野蛮人"称号，不乏多方人士为阳光"正名"。中国保监会资金运用监管部主任任春生罕见发声，首先肯定保险公司在现有法律和规则框架下的投资行为，是市场化的商业决策；其次表示，阳光保险的经营管理和投资行为整体上是相对规范和稳健的，此次举牌在规则许可范围内，履行了相关程序，且做出相应承诺，从目前看是在公开市场上正常的财务投资行为。绝大多数保险资金的投资行为是谨慎规范的，对被投资企业的战略推进起到积极作用，也已经成为我国资本市场健康稳定发展的重要力量。

中国保险资产管理业协会执行副会长兼秘书长曹德云认为，资本本身是没有属性的，关键取决于资本的拥有者、管理人的价值观。从披露的信息看，阳光保险的此次投资是一种正常的财务投资行为，继续保持和延续着一贯的稳健风格。

2015年7月8日，保监会发布《关于提高保险资金投资蓝筹股票监管比例有关事项的通知》明确鼓励保险资金加大对股市的投资额度。事实上，无论从支持资本市场发展，还是举牌标的选择，再到偿二代的蓝筹股票风险因子考虑，财务计算方法（公允价值计量将改为权益法计量）在一定程度上可以提升偿付能力充足率，还可以避免股价短期波动风险，保险资金举牌有其固有逻辑，动辄以"野蛮人"相称，有违资本市场公平性原则。保险资金作为资本市场重要的机构投资者，我们应该正确看待其投资行为。保险资金为资本市场贡献了源源不断的现金流，是资本市场长期稳定健康发展的重要力量之一，未来还将扮演越来越重要的作用。具体到举牌，这只是市场化资产配置的手段之一，不会因为市场的质疑就"因噎废食"，只要保险资金按照市场规律办事，没有内幕交易、暗箱操作，就无可厚非。而如今的各方争论仍需时间的检验。

5 险资频频举牌，各中原因竟为何

2015年，我国共有10家保险公司先后举牌了35家上市公司，最引人瞩目的非宝万之争莫属。2016年，险资先后布局了120多家上市公司，阳光举牌伊利、前海人寿迅速增持格力电器等比比皆是，被称作"险资举牌年"。那么险资频频举牌上市公司背后的原因究竟为何？

5.1 保费迅增，急需渠道

保监会公布的统计数据显示，一些保险公司等举牌的主力军在2015年都有100%以上的同比保费增长率，2016年保费增长增速未减。而保险公司在经营上多以投资理财型保险产品为主，通过销售高现金价值的产品提高保费规模，这种经营模式的负债成本相对较高，有较强的提高资金投资收益的需要。

同时，保险公司在市场利率下调、债券市场风险偏高的情况下，出现了较为严重的资产配置荒。所以权衡了控制投资风险和提高投资收益等多个需求后，在合适的时机配置大盘蓝筹股成了多家保险公司的选择。

5.2 股市波动，政策引导

2015年以来，股票市场经历了多次跌宕起伏。2015年年初至6月中旬，沪深两市股价大幅上涨；6月中旬至7月初出现了连续暴跌；短暂回调后，8月18—26日，两市再次出现急跌。2016年1—2月股市暴跌；2—6月维持弱市震荡走势；2016年下半年整体呈震荡上行态势。股价的大幅度波动为险资提供了较好的入市时机。

同时，监管方的积极引导也为保险公司加大投资、举牌收购提供政策支持。2015年7月8日，保监会发布《关于提高保险资金投资蓝筹股票监管比例有关事项的通知》（以下简称《通知》）。《通知》放宽了保险资金投资蓝筹股票监管比例，为举牌潮的发声提供契机。

5.3 市场受限，保产增值

我国的经济市场上货币超发严重并持续采取降息政策，使得国际国内分别面临较大的本币贬值与通胀压力。而保险公司的资产主要是金融资产，在金融资产中，固定收益类资产又占主要份额，因通货膨胀贬值的风险较大。因此保险公司一方面进行海外投资，配置境外资产防止人民币贬值；另一方面在国内则进行实物资产如地产楼宇和企业股权投资，举牌上市公司也不失为一种快速增持、防通胀的手段。

6 险资举牌或退潮

6.1 实体经济需振兴，险资入侵遭处罚

中国的实体经济正处于转型升级的关键时期，金融资本与产业资本的

斗争和博弈十分残酷。如果伊利和格力这样的优良制造企业都沦为资本大鳄的口中之食，那么中国实体经济的未来发展可能会蒙上一个沉重的阴影。

2016年11月，前海人寿换血南玻A管理层，创始人曾南黯然告别南玻集团，震惊了整个金融圈。宝能系还直言不讳地批评南玻太专注实业，"你们这些搞制造业的辛辛苦苦也就赚这么点，还不如搞资本运作"，"通过收购买卖可以赚比制造业更多的钱"。12月1日，又大举增持格力股份，持股比例由0.99%上升至4.13%，持股排名则由第六大股东上升至第三大股东。王石前车之鉴历历在目，前海人寿的突然杀出让董明珠大为光火，董明珠表示："如果没有实体经济的发展，就没有金融存在的价值……中国强大起来，必须有实体经济，必须有自己的技术、自己的产品！"表明了反对险资恶意收购的决心，且放出狠话："如果成为中国制造的破坏者，他们会成为罪人。"

监管层先前对保险公司的积极引导，现在看来反而助长了部分险资的嚣张气焰。就在董明珠发出"狠话"后的几个小时，证监会主席刘士余严厉指责当前市场一些来路不当的钱，从事杠杆收购的举牌者集"土豪、妖精、害人精"于一身，"从门口的陌生人变成野蛮人，最后变成行业的强盗"。紧跟着作为中小险资举牌主力的前海人寿和恒大人寿收到了监管层的红牌。2016年12月9日，前海人寿郑重承诺，未来不再增持格力电器，并将根据市场情况和投资策略逐步择机退出。

6.2 保监会重拳出击

保监会也随即出台政策加强监管。2017年1月24日保监会发布《关于进一步加强保险资金股票投资监管有关事项的通知》，明确禁止保险机构与非保险机构一致行动人共同收购上市公司；2月22日，保监会的新闻发布会对险资投资做出了主辅界定，即在投资中应以固定收益类的产品为主，股权等非固定收益类的产品为辅；股权投资应以财务投资为主，战略投资为辅；战略投资以参股为主，控股为辅。从上面的一系列"组合拳"不难看出，以往部分险资通过万能险等产品疯狂"跑马圈地"，然后在股市上举牌的行为，今后将难以再现。

7 尾声：思考与启示

此时，阳光举牌伊利事件暂告一段落。但险资举牌潮现象背后的本质值得我们深思。险资举牌短期来看或将终结，但长期来看仍是不可扭转的趋势。伊利作为中国乳业的领头羊，应如何防范和抵御金融资本的入侵？股权分散显然是伊利股权结构存在的主要问题。伊利面临被阳光保险恶意收购控股风险后，及时采取了"毒丸计划"的反收购措施，大量低价增发新股措施，使得阳光保险所持的股票份额下降，阻碍其实现控股计划。

在资本市场上，有些企业会采取"降落伞计划""焦土战术"和"白衣骑士"等反收购策略来预防金融资本的入侵，企业可以根据自身状况酌情选择。面对恶意收购，企业还应在被收购前提高警惕，加强防御。企业被收购的根源往往在于公司管理本身，稳定的现金流、低负债水平、低于资产价值的股票价格使得公司容易成为收购的目标。对此企业应该建立早期的预警机制，分析机构投资者的趋利性，并且严密地监控股票交易；修订公司条款也急需提上日程，通过颁布各种条款加大敌意收购方对管理层控制变更的难度。

在国家奶粉新政不断出台的背景下，乳企面临巨大的机遇和挑战。大型乳企纷纷打开门走出去，开始了自己的收购之旅。但是乳企在打开门的同时，还应看好自己的大门。险资作为资本市场的一股重要力量，后续必将活跃在资本市场的舞台。如何防范"门口的野蛮人"仍然是那些大股东和管理层持股比例较低的乳企应该考虑的问题。不管险资举牌潮是否再度出现，对于上市公司而言，优化公司治理结构本身就是对入侵者最大的防御和反击。对于农业、食品这些抵御资本冲击能力较弱的民生行业，政府应完善资本市场的法律法规，建立"防火墙"，通过设立资本进入的审批制度，防范资本对实体经济造成的恶性冲击，通过合理机制引导资本服务于实体经济。

第七章　光明乳业：海外并购之旅

摘　要：当众多乳企还在三聚氰胺事件的阴霾下步履维艰地前行之时，有一家乳企却已率先开启了它的海外并购之旅。光明乳业的控股集团——光明食品集团有限公司，从2008年就开始规划海外版图，实施国际化战略，先后收购了7家国外食品公司。本案例以光明食品集团控股的光明乳业为研究对象，描述了光明乳业的3次海外收购事件，其中2次成功1次失败。我们试图探寻光明乳业为何始终将收购目标锁定在海外，3次海外收购为何有不同的结果，海外并购后的光明乳业似乎并没有给业绩带来实质性的帮助，究竟是哪里出了问题？让我们同行光明乳业的海外并购之旅，从中寻找端倪。

关键词：光明乳业；海外并购；国际化战略；混业并购

第七章

光明乳业：海外并购之旅

引 言

2017年伊始，习近平总书记的一句"撸起袖子加油干"的新年贺词，迅速传遍祖国上下，同时也传到了光明乳业董事长张崇建这里，不禁让他回想到了过去"撸起袖子加油干"的10年海外并购之旅。那时候的光明已经不是初出茅庐、不谙世事的少年，在很多乳企深陷品质旋涡的时候，他做了一个慎重而大胆的决定——"内外兼修"。一面是"海外旅行"，参与国际资源整合，通过海外并购，寻找优质牧场，寻求优质奶源，生产高质量乳品；另一面是"内在修行"，深耕品牌，满足消费者需求，提升品牌价值。

然而他的海外之旅却并不是一帆风顺，旅行中出现的一些小插曲或许更能让他明白这长达10年旅行的真正意义……

1 光明的诞生与发展

光明乳业股份有限公司，是由国家资本和社会公众资本共同组成的一家产权多元化股份制的上市公司。业务渊源始于1911年，经过100多年的发展，形成了从事乳和乳制品的开发、生产和销售，奶牛的饲养和培育，物流的配送，营养保健食品的开发、生产和销售等业务，是中国领先的高端乳品引领者，也是国内大规模的乳制品生产、销售企业之一。光明乳业发展史详见表1，光明乳业经营业绩参见图1。

表1　1911—2015年光明乳业发展史

年份	企业发展史
1911年	英国商人在上海成立上海可的牛奶公司，为光明乳业前身
1950年	"光明"品牌诞生
1956年	上海市牛奶公司正式成立，可的牛奶公司划归上海市牛奶公司
1978年	光明品牌的产品由奶粉扩展到液态奶，先后建立了9个乳品厂
1996年	上海市牛奶公司与上海实业集团按50∶50的比例合资成立上海光明乳业有限公司

续表

年份	企业发展史
2000 年	上海光明乳业有限公司完成股份制改制，更名为上海光明乳业股份有限公司
2002 年	证券交易所 A 股市场（代码 SH600597），成为中国规模最大的生产和销售乳制品企业之一
2003 年	"上海光明乳业股份有限公司"更名为"光明乳业股份有限公司"
2007 年	被评为中国最具市场竞争力品牌
2008 年	实施国际化战略，规划海外版图，寻求并购对象
2010 年	认购新西兰新莱特乳业 51% 的新增股份，成功实现海外并购
2011 年	以 5.3 亿澳元获得澳大利亚玛纳森公司 75% 的股权
2012 年	5 月，以 122 亿元人民币获得英国维他麦公司 60% 的股权 6 月，获得法国迪瓦波尔多葡萄酒公司 70% 的股权
2013 年	3 月，以 3 亿港元获得香港万安公司 70% 的股权 收购的新莱特在新西兰成功上市，成为国内首家乳品境外收购并在境外成功上市的乳企
2014 年	分别获得意大利橄榄油企业（Salov）和香港东方物流中心物业项目 90%、100% 的股权
2015 年	3 月，收购以色列第一食品集团特鲁瓦 76% 的股权 9 月，收购西班牙第二大分销商米盖尔公司 72% 的股权

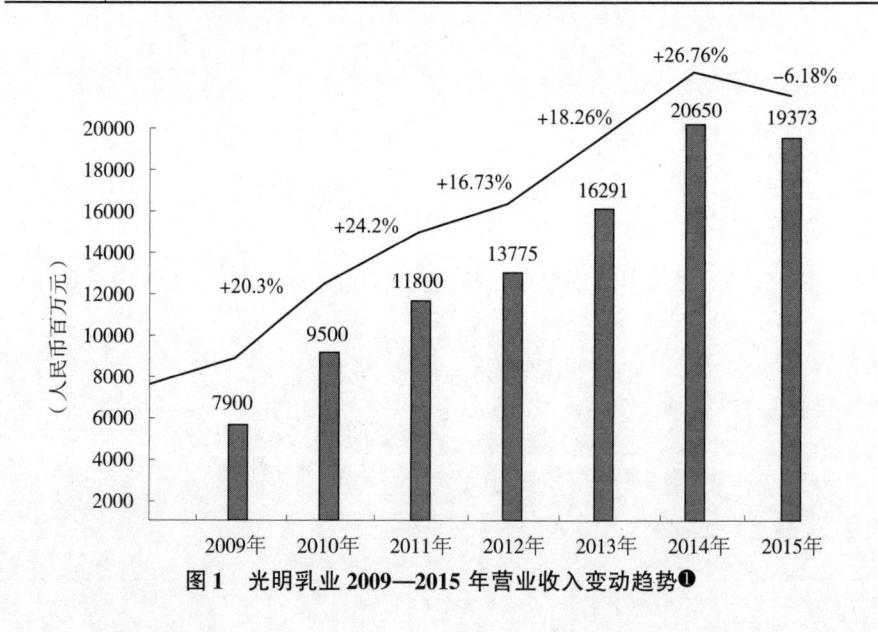

图 1　光明乳业 2009—2015 年营业收入变动趋势❶

❶　数据来源：光明乳业官网。

2 集团混业并购:打造综合食品王国

上海光明食品(集团)有限公司成立于 2006 年 8 月 8 日。由上海益民食品一厂(集团)有限公司、上海农工商(集团)有限公司、上海市糖业烟酒(集团)有限公司、锦江国际(集团)有限公司的相关资产集中组建而成,资产规模 458 亿元。拥有 4 家上市公司:上海金枫酒业股份有限公司、上海海博股份有限公司、上海梅林正广和股份有限公司、光明乳业股份有限公司。光明食品(集团)有限公司是集现代农业、食品加工制造、食品分销为一体,具有完整食品产业链的综合食品产业集团。光明食品集团坚持以食品产业为主体、地产和金融为两翼的"一体两翼"产业结构;实施融合战略、品牌战略、渠道战略和平台战略四大战略;推进以"产业先进、环境优美、生活优越"为标志的殷实农场建设;致力于成为上海特大城市主副食品供应的底板,安全、优质、健康食品的标杆,世界有影响力的跨国食品产业集团。光明食品集团海外投资项目详见表 2。

表 2 2010—2015 年光明食品集团海外投资项目❶

时 间	被并购方	金额	股权
2010 年 8 月	新西兰新莱特公司(Synlait Milk)	3.82 亿元人民币	51%
2011 年 8 月	澳大利亚玛纳森公司(Manasen Food)	5.3 亿元澳元	75%
2012 年 5 月	英国维他麦公司(Weetabix)	122 亿元人民币	60%
2012 年 6 月	法国迪瓦波尔多葡萄酒公司(DIVA)	未披露	70%
2013 年 12 月	香港万安公司	3 亿港元	70%
2014 年 10 月	意大利橄榄油企业(Salov)	未披露	90%
2014 年 12 月	香港东方物流中心物业项目	7.5 亿港元	100%
2015 年 3 月	以色列特鲁瓦公司(Tnuva)	约 86 亿谢克尔	76%
2015 年 9 月	西班牙米盖尔公司(Miquel Alimentació)	1.1 亿欧元	72%

纵观光明的发展史,不难看出,自 2010 年以来,光明食品集团已成功实施 7 次海外并购,在新西兰、澳大利亚、英国、法国、捷克、意大利和

---

❶ 数据来源:根据光明集团对外投资公告整理。

以色列 7 个国家均设有企业。目前，光明食品正积极推动澳大利亚玛纳森公司年内在中国香港上市，上市完成后，玛纳森将进行全球布局；此外，光明食品还启动了英国维多麦的上市计划。

我们可以看出，光明食品集团的海外投资领域虽然广泛，但这些投资恰恰体现了集团当初制定的"6+1"的核心发展战略，它始终没有偏离乳业、糖业、酒业、品牌休闲食品业和现代农业等食品业核心主业的轨道。正所谓"生门不入，熟门不出"。而且光明并不是在盲目进行投资并购，这几家海外公司都有着自己独特的优势，新西兰的新莱特是一家拥有优质奶源的食品制造企业；英国的维多麦是一家在早餐谷物类领域拥有丰富经验的食品制造企业；澳大利亚领先的食品分销企业玛纳森、法国波尔多地区领先的葡萄酒经营商 DIVA 以及西班牙食品分销巨头米盖尔，他们都拥有相对完整的销售网络和渠道。

光明集团近些年不断在扩大海外收购版图，可以说，每一次的收购对光明来说都是一次成长。2010 年并购新西兰新莱特公司，光明从其身上学习到了国外先进的乳业管理经验，从而加快了奶粉业成为光明乳业的一个支柱产业的速度。2012 年收购英国维他麦公司，光明不仅将维他麦顺利引入中国市场，而且也借助维他麦的海外渠道，将自己的产品推向国际市场。2015 年，定增 90 亿元收购以色列特鲁瓦，因为以色列是全球养牛技术最先进的国家，先进的技术和经验可以为光明提供长期的支持，降低饲养成本并开发新产品。同年 9 月，光明集团在国际化的布局上再次"出手"，这次选择的是西班牙的食品分销商 Miquel Alimentació 公司。这次交易主要出于对提高包括中国在内的全球市场分销能力的考虑，通过海外并购推进集团国有企业改革进程。

然而，混业并购能给光明集团带来什么？首先，混业并购是资源整合的一种形式，通过纵横捭阖，实现"打造全产业链"整合策略的实施，突出核心主业的发展。其次，光明食品集团目前涉及上游的原材料基地、中游的加工制造和下游的分销批发代理，通过混业并购来打造全产业链，不仅可以对整个产业链的过程非常熟悉，也能很好地掌握上中下游的质量和安全。同时，还有利于在生产过程中掌握和生产附加值高的产品，锁定原材料价格，加强抗市场风险能力。最后，混业并购也可以为企业提供多方面的资源渠道，而渠道又是食品行业制胜的关键所在。在未来，渠道的作用将在市场竞争中更加凸显，光明的混业并购不仅能够获取并购公司丰富的渠道资源，也可以推动集团内部的渠道整合，为打造综合食品企业建立坚实的基础。

3 为何频频出海？

3.1 构想宏伟蓝图，顺势而为

近几年，光明食品集团加快实施资源、网络的海外布局，相继完成对新西兰新莱特乳业、澳大利亚玛纳森食品公司、英国维多麦食品公司等一系列跨国并购，其中每一笔都可圈可点。但光明集团并不是一开始就主动搞跨国经营的，有一个循序渐进的过程。在 20 世纪八九十年代，集团所属企业尝试与联合利华、达能、可口可乐等国际著名企业建立合资企业，发展以引进为主的合资合作或简单的出口业务。进入 21 世纪后，集团所属企业开始为雀巢、加州乐事、马爹利、轩尼诗、恒天然等一批国际知名食品进军中国市场做总代理、总经销。在这个过程中，集团加深了对国际知名食品企业跨国经营的产业运作模式的了解。2008 年全球金融危机发生，开启了国际并购的窗口，抓住这个契机，加快实施资源和网络的海外布局，这对于想要做大做强的光明来说是关键的一步。继而加上前两步的经验积累，光明食品集团意识到搞跨国经营的时机到了。于是，开始提出国际化战略，制定、实施周密的国际化战略方案。而光明食品（集团）有限公司制订国际化战略主要有三个方面的考量：一是应对市场竞争的需要；二是对接海外资源和市场的需要；三是积极响应上海市市委、市政府的号召，加快"走出去"步伐，积极培育形成国际化的竞争能力，努力打造具有世界水平的本土跨国公司的需要。

在光明自身努力求发展的时候，祖国大地的东风也不断吹来。2013 年 6 月 18 日，工信部召集 127 家奶粉企业开会，讨论《推动婴幼儿配方乳粉企业兼并重组工作方案》细则，要求引导婴幼儿配方奶粉优势企业实施强强联合、兼并重组，提高产业集中度。2014 年 6 月 6 日，工信部、发改委、财政部、食药总局4个部委联合发布《推动婴幼儿配方乳粉企业兼并重组工作方案》，鼓励企业通过并购转让、控股参股等方式兼并重组，到2015年年底，争取形成10家左右年销售收入超过20亿元的大型婴幼儿配方乳粉企业集团，前10家国产品牌企业的行业集中度达到65%；到2018年年底，争取形成3~5家年销售收入超过50亿元的大型婴幼儿配方乳粉企业集团，前10家国产品牌企业的行业集中度超过80%。这一规定的出台，可以说是对乳品行业的一次大整合，也为光明日后的海外并购打下基础。

时隔2个月，2013年8月22日，经由国务院批准，中国（上海）自由贸易试验区也正式批准成立，这不仅对探索中国对外开放新路径和新模式、推动政府职能转变、促进经济增长具有深远意义，同时也为光明集团积极打造本土跨国企业提供了一个优质平台，使其可以更好地加强与海外企业的交流合作，继续探索多国的融资渠道，并借势推进集团国际化战略的开展。

3.2 争取优质奶源，提高信誉

2008年对中国乳市可谓是一个多事之秋，先有三聚氰胺毒奶粉事件将乳制品安全问题推向风口浪尖，紧接着"皮革奶""激素门"等乳业食品安全事件一次又一次地打击着消费者的信心。而对于质量比一般乳制品要求更高的婴幼儿奶粉则表现得更为突出，越来越多的父母宁愿花更高的成本去选择洋品牌以求保证子女的健康成长，也不愿意购买国内自主生产的奶粉。随着消费者对国外知名品牌奶粉的需求迅速扩大，国内的中低端婴幼儿奶粉厂商纷纷倒闭。例如，近年的香港奶粉代购狂潮正是在这种需求推动下产生的。

而与此同时，西方金融危机爆发，食糖、玉米、大豆等大宗食品原料以及乳制品、食用油、葡萄酒、肉制品等食品价格又普遍低于国内价格，形成了国内外市场价格的严重倒挂。例如，2011年国内奶粉价格比国际市场平均价格高出了40%。这也就解释了中国的原奶价格不断上涨且质量参差不齐，而在一些欧美乳业发达的国家，其原奶价格低廉且品质好的原因。但是事情总有两面性，虽然这种情况不利于我国乳品企业的发展，但是它吸引了光明乳业以及其他的中国乳制品企业借道海外获取乳业资源，突破资源的约束，寻求质优价廉的奶源，并希望通过企业国际化来尽快赢得消费者的信任。

3.3 商场如战场，不进则退

现如今，中国的食品和快速消费品行业基本上是完全开放的。在适者生存的经营法则下，食品行业的竞争在不断升级。特别是金融危机爆发之后，世界食品产业的巨头为更好地应对本土市场低迷这一问题，频频加大对中国市场的开发力度。近几年，光明食品集团所在的各个业务领域都面临着很强的市场竞争，尤其是与那些跨国公司的竞争。截至2013年，世界500强企业已经有超过480家进入中国，而且随着上海自贸区的落地，中国市场将更加开放，将有更多的外国企业及产品进入到中国市场，与我国本土的企业和产品进行同台竞技。所以，光明必须要尽快地了解、学习并掌握跨国公司的运作模式，了解国际游戏规则，尽快推进企业的国际化进程。

4 海外征程

4.1 血气方刚：闪电并购新莱特

2010年12月，光明乳业获得新莱特乳业公司（Synlait Milk）的股权分割正式完成，这是我国乳品行业首个海外并购的成功案例。

新莱特位于新西兰南岛地区，该地区生态环境优越，牧草长绿，乳资源丰富，是新西兰乳业发展最快的区域。新莱特乳业公司于2005年成立，主要从事奶粉生产加工业务，是新西兰5家独立牛奶加工商之一，曾是新西兰乳品巨头恒天然的牛奶供应商和股东。该公司管理团队成熟，进取心强，有较为明确的企业和市场发展方向。

2010年，该公司一号工厂急需投建第二工厂以满足旺盛的市场需求。据测算，二号工厂整体建造成本估计为9500万新西兰元。由于自有资金不足，新莱特乳业公司选择了外部融资。也就是在这时，光明乳业通过有关渠道获得了其有意出让股权的重要信息，公司高层果断抓住这一契机，于当年6月派人到新西兰实地考察并签署合作备忘录。

2010年7月19日，光明乳业发布对外投资公告，拟出资3.82亿元认购新西兰新莱特乳业公司新增发的2602万股普通股，认购完成后，新西兰新莱特乳业公司的持股比例为51%。但好景不长，当年11月，光明乳业通过竞购流程，最终通过增资扩股的方式控股新西兰新莱特乳业公司51%的股权，成功入主。作为我国乳业首个海外成功并购案例，其速度之快也是前所未有。新西兰当地新闻媒体也称，中国企业的办事效率让人惊奇。

可以说，此次并购对于光明向海外并购迈出的第一步具有重大意义。通过这次被并购，新莱特乳业公司不仅可通过光明的担保向中国银行借款，也可在中国发行债券，其产品借助光明的营销渠道顺利进入中国，扩大了产品的销售市场。而对于光明来说，首先，与优质企业合作可以有效地扩大光明的国际知名度和良好声誉；其次，新莱特公司拥有丰富的管理经验，通过并购吸收管理人才和队伍，提高光明自身的管理水平和效益水平，从而达到协同效应；最后，通过收购新莱特，可以使光明进军国际市场，扩大销售范围、销售种类，从而获得更高的利润空间。

此后，2013年7月23日，新莱特乳业在新西兰证券交易所主板成功上市，成为国内首家境外收购优质奶源企业并成功促成其上市的案例。这不仅证明了光明乳业的海外业务战略是成功的，也极大地提高了光明乳业在海外金融市场和经济市场上的形象。

4.2 铩羽而归：痛失优诺

在光明乳业成功收购新莱特不到一年后，其母公司光明食品集团参与了另一起乳制品行业的收购案。收购对象是全球著名的酸奶品牌——法国优诺食品公司50%的股权。而这次，拥有680亿元资产的光明食品集团在海外并购道路上却败下阵来，铩羽而归。法国优诺酸奶最终许配给了美国"亲家"——美国通用磨坊。

优诺是全球第二大酸奶制造商，其50%的股权由法国私募股权公司PAI Partners所有，另50%的股权由农业合作社索迪奥所有。2010年9月，PAI Partners开始拍卖其所持股权。光明希望通过此次收购来扩大产品种类，调整产品结构，增加企业的知名度。

2010年年末，光明食品集团初步接触法国优诺，此时距离第一轮报价时间仅有短短2个月。2011年2月3日，光明食品集团提出首轮非约束性报价，出价17.5亿欧元，同时还提供了一份详尽的商业计划。由于报价的优势，光明食品集团击败了雀巢、法国AXA基金等国际知名企业，顺利进入第二轮竞标程序。之后，光明迅速搭建起顾问团队，包括荷兰合作银行、法律顾问、会计师事务所、公关顾问等，并于2011年3月1日开始进行尽职调查工作。为安抚法国政府，保护民族品牌的情绪，光明食品集团高层飞赴法国与优诺高层、索迪奥、PAI Partners以及法国政府高官进行了洽谈，并与当地媒体包括法新社、回声报、彭博社等接洽，展开了一系列的公关工作。然而遗憾的是，2011年3月22日，优诺竞标结果公布：通用磨坊以16亿欧元获得优诺51%的股权。

此次交易的失败，引来了更多媒体的关注。光明食品集团报价的17.5亿欧元比通用磨坊的16亿欧元高出了1.5亿欧元，是所有竞标者中的最高出价者，最终一刻却与优诺失之交臂，原因何在？

首先，法国政府对此收购案尤为关注，索迪奥的持股意味着收购案关乎法国农民的利益，希望能找到一个合作者使优诺获得更大的发展潜力。而对于PAI Partners来说，出售股权的目标在于股东利益的最大化。但此次交易真正的决定方——索迪奥是法国的一个奶农合作制企业，而且属于战略型股东。不同于投资型股东"包装出让，价高者得"的目标，战略型股东更加关注企业的长远发展和长期利益。所以优诺的股东更希望与一家国际化程度高的企业成为合作伙伴，以此来进一步开拓新兴市场。

其次，因为光明食品集团的国际影响力相比通用磨坊、雀巢等国际巨头还远远不够，而且其未能提出优诺将来在国际市场中有力的发展规划，加之对中国企业将来可能会窃取法国技术和法国品牌的担忧，以及中国乳业的负面事件也让一些股东担心光明的入主会损害优诺的品牌形象，索迪奥最终选择了通用磨坊作为合作伙伴。

最后，通用磨坊在并购协议中承诺将优诺的特许经营费从1%提高到4.5%，以优先分配权的方式直接用现金分配给索迪奥的奶农股东，可谓真正赢得了索迪奥奶农股东们的"欢心"。

4.3 王者归来：联姻特鲁瓦

虽与优诺"相亲"失败，但光明乳业在海外并购之路上越挫越勇，2015年3月31日，光明食品集团完成了对以色列最大食品企业特鲁瓦（Tnuva）的收购。紧接着，光明乳业宣布停牌，3个月后，让外界眼前一亮的是，重新归来的光明乳业通过定向增发，募资总额不超过90亿元，整体装入了特鲁瓦公司，资产规模翻了一番。

这不仅是以色列食品行业历史上最大的一宗收购案，也是中国乳品行业海外最大规模的一次并购。光明食品集团收购了特鲁瓦的大部分股份，包括欧洲私募股权投资机构Apax持有的56.7%的股份和Mivtach Shamir持有的21%的股份，对应特鲁瓦的市场价值达到86亿谢克尔（折合约25亿美元，约153亿元人民币）。

特鲁瓦成立于1926年，公司已有超过85年的历史，最初以农业合作社形式创办，现在已发展成为以色列最大的综合食品企业，也是乳制品市场占有率最高的企业。其公司主营业务包括乳制品、禽蛋制品、肉制品、冷冻蔬菜、糕点等。其中乳制品是特鲁瓦公司的业务重点，销售额占公司整体销售额的60%以上，占以色列全国乳制品市场的50%以上。

以色列是农牧业技术非常发达的国家，特鲁瓦作为以色列最大的食品公司，与光明乳业的联姻，意味着在技术研发、市场营销、渠道通路等方面双方可以形成协同；光明也可以汲取以色列高效现代农业的经验，促进其集团全产业链的精细化发展。

此次并购，光明食品集团是作为一个长期战略投资者的角色进入以色列的，另外，光明食品集团也可以为特鲁瓦提供国际平台，使其优质的产品出现在全世界的货架上。

在光明食品集团看来，特鲁瓦的黄油、奶酪等优质乳制品，可以全面进入潜力巨大的中国市场，甚至可以"曲线占领"原本难以进入的中东市场，而光明乳业的莫斯利安等明星产品，也有望受到以色列市场的关注。同时，无论是奶牛养殖业，还是高端产品开发，光明乳业都将获得以色列先进的乳业技术支撑。而光明最初瞄准特鲁瓦，就是希望通过海外布局和后续整合，进一步做强集团最大的主业——乳业板块，力争使其成为世界领先、国内首席的乳企。同时，把特鲁瓦带到国内上市平台，也有利于推动海外并购的资产快速证券化。

将特鲁瓦整体装进光明乳业，据初步估算，重组完成后，原特鲁瓦的销售额将占到新上市公司的40%，其对利润总额的贡献将达到60%。乳业专家称，光明乳业看中的并非以色列食品巨头的体量，而是其技术含量和品牌知名度，通过收购来进行海外布局和后续整合，进一步做强光明集团最大的主业——乳业板块。特鲁瓦不但是中东知名的企业，在欧洲和美国也有相当知名度，对于光明下一步获得市场份额以及开拓海外市场的作用不言而喻。

5 乳市"三国争霸"时代要来了吗？

有人评价，这次收购特鲁瓦有点"蛇吞象"的意味。而光明食品集团对此却毫不讳言：光明乳业想要重回国内乳业的"第一梯队"，甚至要重新坐上"龙头老大"的位置。

因为对拥有百年历史的光明来说，重新回到乳业的第一阵营才是它的目标。但是截至2015年年底，光明乳业年销售额仅在200亿元左右，而国内乳企"第一梯队"的伊利和蒙牛的销售规模却在500亿元以上。光明乳业在10多年前刚上市时，是国内乳业的第一品牌，如今只排名全国第三，而且与前两名的差距不小，只能算是乳企"第二梯队"中的领先者。光明希望通过一系列的并购重组，力争到2016年年底，使光明乳业的年销售额升至400亿元，再过两三年，达到500亿元以上，回归国内乳业"第一梯队"。但是伊利和蒙牛的区位优势非常明显，不但全面占领了一二线城市的市场，现在把三四线城市的渠道也完全打通，光明想要重新回到第一梯队，市场和产品框架非常重要。目前光明只在自己的根据地上海周边地区有绝对优势，而相对于大局已定的华北市场，光明只能希望在华中市场能取得话语权。

随着光明乳业频频外购，其他中国乳制品龙头企业也紧跟光明的步伐。2012年年末，伊利股份宣布投资11亿元，通过收购新西兰大洋洲乳业有限公司100%股权，在新西兰兴建配方奶粉厂，此举获得市场积极反应。而雅士利也在2013年年初展开其在新西兰总额约11亿元的投资项目。中国的三大乳业巨头近年来都开始制订一系列的"出海"计划,但是每家策略不同,伊利的海外并购是进行资源的布局,收购优质奶源;蒙牛选择的则是引进来策略,通过和阿拉、达能的合作,将先进技术引进国内的同时来获得更多投资;光明则是进行资本运作,通过收购知名品牌来拓展海外的市场。

前面是伊利、蒙牛,后面是合生元、贝因美、君乐宝,再后面100亿元、50亿元体量的企业越来越多,对于光明乳业而言,这是一个不小的挑战。中国乳业是否能出现"三国争霸"的局面,还要看光明乳业的后续发力。

6 尾声

有人将收购形象地比喻成为一场婚姻。正如婚姻双方各自拥有的长处是促成双方组建家庭的原因之一,企业之间的优势互补是最终能够达成并购的重要原因。

光明在近年的发展道路中,辉煌过也跌倒过,但整体发展态势还是趋好,而且其自身的发展对我国的乳品行业也做出了一定的贡献。例如其在收购的过程中形成了一套自己的收购策略,值得我们借鉴。一是建立国际化的战略体系。由于经验的缺乏,光明在海外并购中曾屡遭挫折,但是其坚持国际战略不动摇。在总结经验的基础上,经过一段时间与国际跨国公司磨合,逐渐形成了国际化的理念与思路。同时也推动了人才国际化,初步形成国际化的战略。二是坚持资源型和网络型的并购方向。自身拥有的资源是不够的,必须要以前瞻的视野,在海内外做好资源与网络的布局,通过收购兼并逐渐将触角延伸至全球。三是严格控制经营风险和法律风险。经过其与海外公司的多次接触,光明意识到了经营风险和法律风险是海外并购中重点把控的风险。四是营造海外并购的良好氛围。光明认为,应把树立良好的品牌推广环境放在第一位,其次要注重为并购兼并营造良好的舆论环境。最后在并购完成后,要注重整合中西方文化,创造包容合作的文化环境。而且在其海外并购过程中,光明乳业也始终坚持符合光明食品集团战略、协同效应明显、价格合理、风险可控、团队优秀五大并购原则。

通过光明的经验，我们也应该意识到，在自我发展中增强实力、积累优势，是企业"走出去"的必由之路。2008年光明乳业依靠充盈的资金成功获取国际范围内的乳业资源，让很多人欢呼中国乳业的"逆袭"，但是光明在优诺上的失利也提醒我们，自身实力才是硬道理。虽然光明乳业通过新莱特获得了优质奶源，并且依靠新莱特的生产与质量监管体系能够生产高品质的产品，但是这并不能从根本上提升光明乳业在世界乳品行业的竞争力。在中国乳品行业遭受信任危机的当下，企业只有通过自身对产品质量的严格监控以及更高品质产品的研发，才能称得上是真正的强大。

不可否认，中国企业"走出去"将会是一个长期趋势，这基于多方面因素：中国GDP已经居于世界第2位，但中国企业进入世界500强的比重并不高，参与全球经济专业化分工的实力并不强；资源配置的全球化必然呼唤中国企业走出去，在全球资源配置中取得地位；中国企业要通过走出去获取全球化商业模式，提高软实力形成协同效应；国外企业也希望中国企业走出去，帮助其寻找新市场、新空间、新平台。但是，机遇与挑战总是相伴而生，2017年乳企在共享发展机遇之时，也将面对当下正发生着深刻变化的消费理念。中国乳业在众多乳企的共同努力下，如今正在面临一个新的发展周期，或许是10年黄金期，或许是布满挑战的消费市场检验期，谁做好了自我，谁将有望成为大浪淘沙后的行业支柱。

经过多年消费市场的信心重塑，如今屈指可数的行业大咖正在逐步明朗，作为行业龙头之一的光明乳业，能否兑现行业期许，能否凭借深厚的历史、成熟的市场推广模式等自身优势，引领中国乳企迈步向前，能否在充满机遇的乳业时代带领中国乳企开启新的篇章。2017年，将更令人期待。

第八章 辉山乳业:"硫氰酸钠"罗生门事件

摘　要:辉山乳业凭借以自营牧场和奶源建设为核心的全产业链模式,成为东北乳业霸主。然而2015年中秋之际,河北省食药监管局发出的关于辉山牛奶"硫氰酸钠"含量超标的一则警示,让辉山一度陷入困境。震惊之余,辉山据理力争,由此展开了一场政府和企业之间的博弈大战。本案例描述了辉山乳业"硫氰酸钠"事件的来龙去脉,试图探讨为重塑行业信心、打造国产乳粉品牌,政府、企业、行业协会、专家、媒体、第三方检测机构等不同主体应分别承担怎样的责任和义务。

关键词:辉山乳业;河北省食品药品监督管理局;硫氰酸钠超标;罗生门事件

第八章
辉山乳业:"硫氰酸钠"罗生门事件

引 言

2015年的中秋,是乳业的多事之秋。沉寂了几年的乳业江湖,随着河北省食品药品监督管理局于9月25日发布的一纸《食品销售安全警示》,又喧嚣了起来。在这份警示中,辉山乳业的一款高钙牛奶产品被检测出硫氰酸钠超标。一时间,"辉山高钙奶""硫氰酸铵"这两个高亮词汇如同重磅炸弹,瞬间吸引所有人的目光。几年前的"三鹿"事件让人们仍心有余悸,而此次的辉山"硫氰酸钠风波"大有"毒奶粉死灰复燃"之势,是我国面临的又一重大食品安全危机,辉山乳业以及整个中国乳业被再次推向风口浪尖。面对众多媒体和消费者的质疑,辉山乳业紧急发布声明称,产品绝无添加硫氰酸钠,并出具了第三方检测结果为合格的报告,而此前发布安全警示的河北食品药品监督管理局却一直保持沉默。一方是"多年安全无事故"的民族食品企业,一方是承担食品安全监管职责的地方食药监局,究竟是企业道德缺失还是政府监管失误,双方各执一词,案件迷雾重重,一场罗生门大戏,就此展开。

1 暴风雨前的宁静:辛勤耕耘,品质如山

1.1 从源头做起:潜心打造全产业链

辉山位于沈阳市东北部,是长白山的一个支脉。远远望去,辉山状若横卧之雄狮,山峦起伏,溪谷迂回,佳木繁茂。辉山乳业总部就坐落于辽宁辉山风景区。辽宁辉山控股(集团)有限公司成立于2009年,其拥有的辉山自营牧场位于北纬40度~47度,是国际公认的中温带季风气候优质奶牛饲养带。在"黄金牧草种植带"这一得天独厚的资源优势基础上,辉山建起了国内领先的全产业链发展模式。

奶源建设是中国乳业发展的"瓶颈"。要保障乳制品质量安全,关键在于原料环节,就是建设企业自营、自控的奶源基地。当众多的乳企把资

源集中使用在下游营销的时代，辉山率先把精力和资金投入在产业链上游，早在 2003 年，辉山就开启了以奶源为核心的全产业链建设。建立了以城市为核心建立工厂、以工厂为核心建立牧场的"奶业都心"模式，生产基地距离自营牧场不超过 30 千米，以确保原料奶的新鲜质量。通过"从牧场到餐桌"的全程信息追溯体系建设，实现从原奶验收到产品出厂的百余道严密的程序检验。目前，辉山已拥有近 50 万亩苜蓿草及辅助饲料种植基地、50 万吨奶牛专用精饲料加工厂、近 20 万头纯种进口奶牛、81 座现代化自营牧场以及 4 座现代化乳品加工生产基地，在国内率先实现奶源 100% 来自现代化自营牧场。辉山逐步形成了以牧草种植、精饲料加工、良种奶牛饲养繁育、全品类乳制品加工、乳品研发和质量管控等为一体的全产业链发展模式。"辉山的自营牧场和全产业链模式是目前国内做得最完整、也是最好的乳制品企业代表"，中国乳制品工业协会名誉理事长宋昆冈说。

1.2 整装待发：进军婴幼儿配方乳粉领域

2013 年 1 月，辉山乳业推出金皇后、辉山金装等系列婴幼儿配方乳粉，这是中国首款自营牧场全控奶粉，也标志着辉山正式进入婴幼儿配方乳粉生产领域。继 2013 年 9 月伊利、雅士利、完达山、飞鹤、明一、高原之宝 6 家国产乳制品企业入选中国乳制品工业协会认可的"奶粉国家队"之后，2014 年 1 月，辉山乳业等 6 家乳品企业也入选该"奶粉国家队"，位列国产奶粉品牌第一梯队。正是有着数十年来重视奶源建设的基础，才有了今日辉山奶粉的厚积薄发。对此，辉山乳业集团副总裁王欣宇表示："为确保婴幼儿配方乳粉质量安全，保障下一代的健康成长，辉山乳业秉承'打造中国最值得信赖的乳品品牌'的企业理念，利用企业独一无二的全产业链资源优势，打造出既领先世界品质，又适合中国宝宝的高品质婴幼儿配方乳粉。"

1.3 东北霸主：雄心勃勃，放眼全国

2013 年，正值全球金融市场环境低迷之际，颇为低调的辉山乳业逆势而上，正式启动进军全国市场的战略部署。9 月 27 日，赴香港上市发行 13 亿美元股票，上市首日市值近 400 亿港元，跻身中国乳业境外上市公司市

值前3名，并跻身全球消费品公司首次发行股票价值前10名。

上市之后的辉山也不负众望，首份财务报告显示，截止到2014年3月31日的年度业绩，营业额增长38.3%，净利增长32.1%。其中，奶牛养殖业务对外销售收入增长45.3%，占总收入的28.0%；液态奶增长34.0%，占64.8%；经营时间最短的奶粉业务占7.2%。一系列增长的财务数字为辉山布局全国打下基础。辉山是东北三省最大液态奶品牌，在东北可谓一枝独秀。2015年，其液态奶在东北市场占有率达到21.9%，超过蒙牛和伊利；巴氏奶市场份额达到39.5%，酸奶市场份额达到33.0%。

为扩大品牌影响力和全国市场的占有率，一直固守东北的辉山乳业逐步把市场扩大到对鲜奶、高蛋白、营养需求较高的北京、天津、上海、江苏等地区。2015年5月，全资子公司辉山乳业发展（上海）有限公司正式成立，2016年6月，辉山的江苏盐城工厂落成投产，华东地区乳品全产业链项目全面启动。辉山乳业长期雄踞东北市场后终于迈出了全国化的关键一步。2015年，辉山乳业跻身"中国500最具价值品牌"榜单，实现了从区域品牌到全国品牌的重要蜕变。

1.4 海外结盟：携手荷兰皇家菲仕兰

2015年10月8日，中国辉山乳业控股有限公司（辉山乳业）和荷兰皇家菲仕兰有限公司（荷兰皇家菲仕兰）正式宣布成立合资公司，在中国运营完全垂直整合的婴幼儿配方乳粉供应链，成为首家在中国本土生产和销售婴幼儿配方乳粉的中外合资企业。荷兰皇家菲仕兰为此支付了7亿元以获得辉山乳业位于沈阳的秀水工厂50%的股份，并投资3000万美元（折合人民币1.84亿元）在香港证券交易所购买辉山乳业的股票。

双方的合资公司将在中国市场引入一个全新的婴幼儿配方乳粉品牌，与荷兰原产原罐的美素佳儿不同，新品牌奶粉全部采用辉山乳业的高品质牧场奶，并在中国生产。合资公司将基于完全垂直整合的本地供应链生产最优质的婴幼儿营养产品，形成辉山乳业高品质本土供应链和荷兰皇家菲仕兰百年专业经验的完美结合。一方是世界乳制品企业排名前5、享有"从牧场到餐桌"全程管控体系的乳业巨头菲仕兰，另一方是不曾卷入三聚氰胺事件、埋头全产业链建设的中国乳业新力量辉山乳业。荷兰皇家菲仕兰将向合资公司分享自身在中国的婴幼儿配方乳粉销售网络、运营供应链的专业知识及其品牌推广和营销的能力，辉山乳业也将向合资公司供应自家牧场的原料奶，此外，合资公司将拥有辉山乳业设施一流的现代化秀水工厂。辉山乳业首席执行官杨凯表示，合资公司将以最严格的标准、用最先进的技术生产婴幼儿配方乳粉，将严格控制整个供应链，基于中国孩子特定的营养需求，量身定制配方哺育中国宝宝。

表1 公司发展历程[1]

年 份	事 件
2009年	辽宁辉山控股（集团）有限公司成立
2009年	辉山乳业法库投资项目奠基
2010年	辉山乳业义县项目竣工投产
2011年	辉山乳业彰武县投资项目奠基
2012年	辉山法库工厂落成投产
2013年	辉山推出中国首款自营牧场全控婴幼儿奶粉
2013年	辉山乳业在香港交易所主板成功挂牌上市
2014年	辉山乳业入选"奶粉"国家队
2014年	辉山乳业在江苏设立乳品全产业链
2015年	与荷兰皇家菲仕兰合资成立菲仕兰辉山乳业有限公司

由图1、图2、图3可见，辉山的销售收入、净利润的同比增长以及毛利率都处于同行业领先水平。

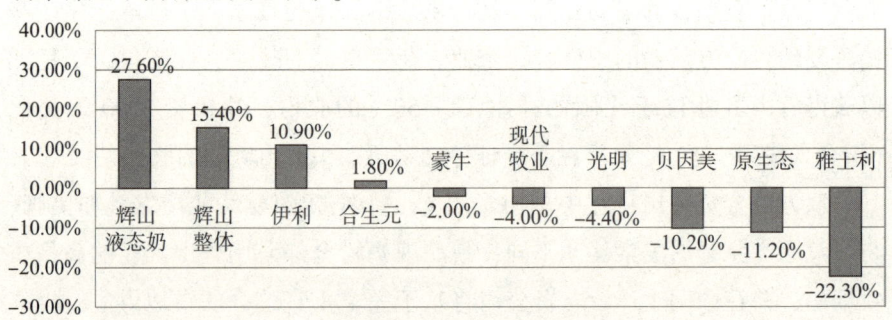

图1 主要乳企销售收入同比增长对比[2]

- 辉山液态奶：27.60%
- 辉山整体：15.40%
- 伊利：10.90%
- 合生元：1.80%
- 蒙牛：-2.00%
- 现代牧业：-4.00%
- 光明：-4.40%
- 贝因美：-10.20%
- 原生态：-11.20%
- 雅士利：-22.30%

---

[1] 资料来源：根据辉山乳业官网整理。
[2] 数据来源：辉山乳业2015/16财年全年年报（2016年6月），图2、图3同。

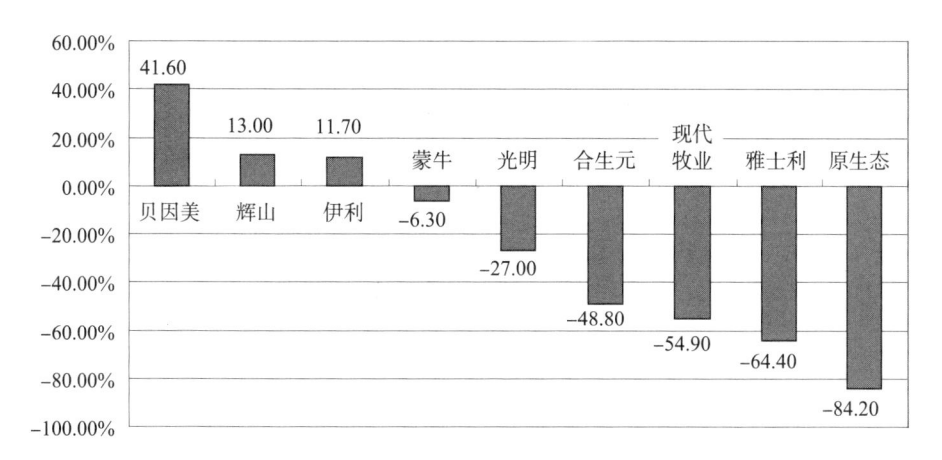

图 2　主要乳企净利润同比增长对比

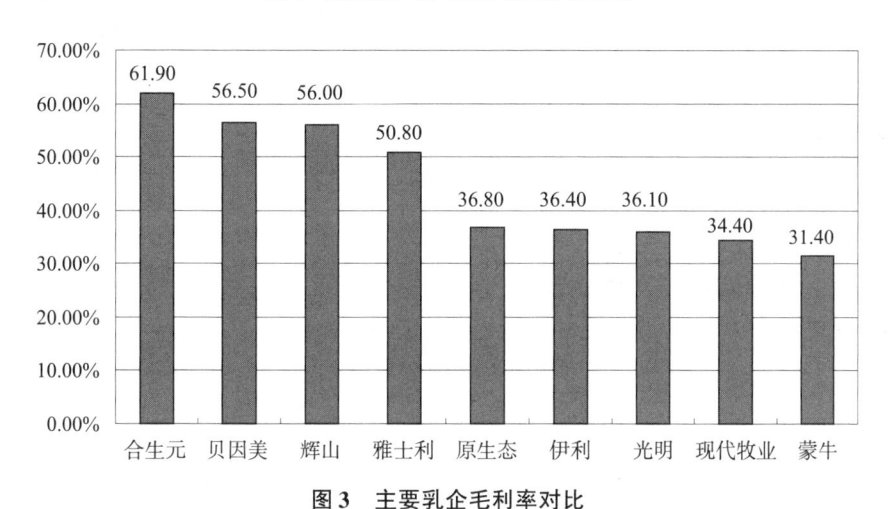

图 3　主要乳企毛利率对比

2　严格监管：政府出手力挽狂澜

2008 年的三聚氰胺毒奶粉事件，犹如引爆乳制品行业的一颗高能量原子弹，产生了威力无比的冲击波。事发之后，国家质检总局紧急开展婴幼儿配方乳粉三聚氰胺的全国专项检查，发现有 22 家企业 69 批次产品检出了含量不同的三聚氰胺，国产名牌无一幸免。消费者对国产奶粉的信任度降至冰点，进口奶粉品牌迅速填补空缺，趁机抢滩国内市场。

为重振中国乳业，国务院出台了一系列政策措施，监管部门不断加大整治和监管力度，政府这只看得见的"手"似乎一直在引导中国乳业。

2013年1月，针对国内一些乳企选择在境外注册商标或贴牌生产洋奶粉，为了保障进出口乳品质量安全，国家质检总局正式发布《进出口乳品检验检疫监督管理办法》，剑指洋奶粉的"虚假宣传"。6月4日，工信部印发了《提高乳粉质量水平，提振社会消费信心行动的方案》，行动方案指出，要淘汰一批不符合国家产业政策和质量安全保障条件不达标的企业，明确放出扶持优秀国内奶企的信号，国内奶企面临全面的大洗牌。6月17日，工信部提出，禁止奶粉贴牌加工，鼓励企业强强联合、兼并重组。6月20日，国家食药监总局等9部委下发《进一步加强婴幼儿配方乳粉质量安全工作的意见》，要求奶粉企业必须具备自检自控奶源、严禁进口大包装奶粉到境内分装。7月，国家发改委打出"反垄断"重拳，对美赞臣、多美滋、雅培、惠氏、合生元等多家品牌进行价格反垄断调查。之后一个月，6家乳粉企业因违反《反垄断法》、限制竞争行为共被罚约6.7亿元，这也是我国反垄断史上开出的有史以来最大的罚单。

2013年12月25日，国家食品药品监管总局发布《婴幼儿配方乳粉生产许可审查细则（2013版）》，细则要求生产企业必须自建自控奶源，并对企业的原辅料把关、产品配方管理、生产工艺、过程控制等9个方面提出了新的更高要求。这就意味着，婴幼儿配方乳粉企业的准入门槛再次提高，大批小型企业面临淘汰。于是，拥有自建自控奶源的辉山乳业依托多年在自营牧场上的积累把握先机，率先通过严格审核，成功获得新版婴幼儿配方乳粉生产许可证，成为辽宁首家也是唯一获得新版乳粉生产许可证的企业。

2015年10月1日，新修订实施的《食品安全法》对婴幼儿配方食品的第一条规范就是全过程质量控制。"婴幼儿配方食品生产企业应当实施从原料进厂到成品出厂的全过程质量控制，对出厂的婴幼儿配方食品实施逐批检验，保证食品安全。"同时，新《食品安全法》对婴幼儿配方乳粉产品配方应当经国务院食品药品监督管理部门注册的规定，成为备受关注的新规之一。

2016年10月1日，正式实施《婴幼儿配方乳粉产品配方注册管理办法》，这被奶粉行业称为"史上最严奶粉新政"。且不说对乳粉产品配方实行注册管理，严格限定申请人资质条件，单是一个企业不超过3个配方系列 9 种产品配方的限制管理就会使乳粉企业面临一轮洗牌。截止到 2016 年上半年，我国 103 家婴幼儿配方乳粉生产企业共有近 2000 个配方，个别企业甚至有 180 余个配方。这意味着，注册制实施后将有约 3/4 的配方被清理出局。

政府陆续出台多项法规政策，已经将一些不达标的乳粉生产企业清理出局，加强了婴幼儿配方乳粉的质量安全管理。国产奶粉在洋奶粉的虎视眈眈和国内消费者信心"疲软"的双重夹击下，能否借助政府的"手"冲出突围，成为有待解开的下一个谜题。

3 晴天霹雳：措手不及的"毒奶门"

3.1 风波乍现

2015 年，辉山乳业利用全产业链的优势，婴幼儿奶粉销量大幅增加，在哀鸿遍野的本土奶粉市场危机之中一枝独秀。在辉山沉浸在一片大好的形势之中，所有人都摩拳擦掌，高喊着"走出东北，放眼全国"的口号，准备大干一场之时，晴天霹雳突降。

2015 年 9 月 18 日，辉山乳业接到河北秦皇岛市经销商的一个电话，得知了一个令公司上下全体员工感到"非常震惊"的消息：其 7 月 10 日批次的辉山高钙奶因"硫氰酸钠超标"被下架。震惊之余，公司立即从经销商层面去核实，但因产品早在 8 月 25 日到期，整个渠道里都未找到相关产品，公司转而寻求相关样品。但由于产品在货架期内并没收到任何消费者反馈，公司自检系统也未发现问题，因此在产品到期后，也未保留相关样品。坚持品质是辉山的一贯态度，公司坚信自己的产品没有问题，但没有找到相关产品或样品，致使该批次产品的硫氰酸钠值超标与否真假难辨，事件一度陷入了僵局。

3.2 "惊雷一声平地起"

2015 年秦皇岛市食品和市场监督管理局根据上级有关食品抽样检查的通知，对超市、商场等流通领域的乳品进行专项抽查，随后委托秦皇岛出入境检验检疫局检验检疫技术中心进行抽查，结果检查发现，中国辉山乳业控股有限公司于7月10日出产的辉山高钙牛奶（240ml）利乐枕装产品（保质期45天，即8月25日到期）含有非食用物质（硫氰酸钠）。

2015年9月18日，河北省食品药品监督管理局发布了《关于对辽宁辉山乳业集团"辉山"牌高钙牛奶全部下架停售的通知》，通知各超市经销商对辉山高钙奶停止销售，原因是河北省食品药品监督管理局抽检出该批次产品"硫氰酸钠超标"。通知声称，硫氰酸钠是一种有毒化工原料，对乳制品有保鲜、防腐作用，但因其毒性会对人体造成巨大伤害，国家禁止在食品加工中添加和使用这种物质。

令辉山乳业措手不及的是，河北省食品药品监督管理局官网于9月24日发布警示公告，河北省秦皇岛市食品和市场监管局在辽宁辉山乳业集团生产的高钙牛奶检出硫氰酸钠，数值高达15.2mg/kg，并称国家禁止在牛奶中人为添加此物质。以下是警示公告全文：

食品销售安全警示

近期，秦皇岛市食品和市场监督管理局对销售环节乳制品质量安全进行抽检，在辽宁辉山乳业集团生产的高钙牛奶检出硫氰酸钠，数值高达15.20mg/kg（最高限定值≤10.0mg/kg）。原料乳或奶粉中掺入硫氰酸钠可有效抑菌。硫氰酸钠是毒害品，少量食入就会对人体造成极大伤害，国家禁止在牛奶中人为添加硫氰酸钠。

省食品药品监督管理局已对市场销售的辽宁辉山乳业集团生产的高钙奶采取了停止销售措施，切实保障销售环节食品安全。同时对我省销售的该企业7种产品进行了应急抽检并展开调查。

省食品药品监督管理局提醒消费者：凡已购买辽宁辉山乳业集团生产的高钙牛奶食品的消费者可凭购物小票和外包装向销售单位要求退货。

此公告一出，犹如惊雷，不仅震惊了辉山企业，正在处于恢复期的整个中国乳业，也受到了惊动。

3.3 乌云密布，危机四伏

消费警示一经发出，引起社会各界广泛关注和媒体传播。辉山高钙奶

第八章
辉山乳业："硫氰酸钠"罗生门事件

深陷"毒奶门"的新闻遍布各大门户网站。许多网站选用了骇人听闻的标题，如《紧急扩散：辽宁辉山高钙奶检出剧毒氰化物！》《辉山高钙奶被查有毒！》……腾讯新闻、网易新闻、中国之声等各种新闻媒体也进行铺天盖地的报道，"辉山高钙奶""硫氰酸钠"这些字眼如同定时炸弹，随时都能击垮整个辉山乳业以及消费者刚刚对中国乳业建立起来的信心。

原本计划国庆前夕就给自己放假的辉山乳业媒介公关总经理赵鑫从9月24日开始，就一直忙于回应各路媒体的电话。"感觉被人耍了"，赵鑫认为整个事件不排除存在幕后推手的可能，"9月24日河北省官网刚挂出公告后，主流媒体还未反应，辉山官方微博及我们代言人的微博在短时间内就累计了大量负面评论。同时，我们的线上产品出现很多恶意差评，但都不是涉事批次"。

与此同时，资本市场上的情况也十分险恶，辉山乳业先是受事件影响一度停牌，9月30日复牌后，早盘曾一度大跌17%，最终以2.11%的跌幅收盘。辉山主要股东Champ Harvest连续在10月5日、6日增持辉山446.4万股，辉山控股股东杨凯也于10月8日、9日累计增持辉山股票1629.3万股。

辉山在河北省的液态奶销售额占比高达1.18%，河北市场对于辉山品牌提出的"走出东北"战略来说非常重要，但此事件让"辉山一夜回到了解放前"。辉山乳业集团副总裁王欣宇称，如果市场信心不恢复，辉山甚至有可能退出秦皇岛乃至河北市场。这样一来，辉山乳业辛苦经营的"走出东北"战略将受到重创。

4 一场"罗生门"大戏：政企都有理

4.1 针锋对麦芒：辉山声明"不服"

河北省食品药品监督管理局的消费警示刚一发布，就引起了辉山企业的极大震惊。其实早在9月18日获悉企业产品被河北方面检测出问题后，辉山就已经高度重视此事，但是由于找不到涉事商品，辉山第一反应就是把手头所有保质期内生产的产品拿去北京谱尼测试科技股份有限公司和沈阳食品检验所这两家第三方检测机构同时送检，检验结果均为正常。在河北省食品药品监督管理局发出"9月24日发布公告"后第二天，就拿出这两份第三检测报告，公开表示质疑检测结果，并于官网发布声明称"辉山高钙奶被离奇下架：产品绝无添加硫氰酸钠"，以下是声明全文。

辉山乳业关于河北省食品药品监督管理局
下架辉山高钙奶产品的声明

2015年9月18日，我司辗转得到河北省食品药品监督管理局发放的针对我司2015年7月10日出产的辉山高钙牛奶（240ml）利乐枕装产品（保质期45天，即8月25日到期）采取下架停售出的通知，才获知河北省食品药品监督管理局抽检产品"硫氰酸钠超标"，我司感到非常震惊。对此，我司高度重视，第一时间进行内部核查，该批次产品系锦州工厂生产，所用原料奶来自锦州地区，入场快速检测硫氰酸钠结果为阴性，合格，辅料（主要是碳酸钙、维生素D_3）无带入可能。

实际上，硫氰酸钠在牛乳中天然存在一定的本底值。硫氰酸钠属于国家食品安全风险监测项目，但目前国家没有明确规定的标准限值，尚在数据收集积累阶段。"不超过10mg/kg"只是参考值而非最高限量值。我司原料奶在2015年6月的外送检测结果中显示均在0.7~2.74mg/kg，属于正常范围内。

本着对消费者的负责态度，我司已经将留存保质期内生产的利乐高钙产品送往第三方检测机构——北京谱尼测试科技股份有限公司（国内，国家级检测机构，获得国际CNAS认可的检测机构）、沈阳食品检测所，第三方机构进行检验，产品全部合格。

我们郑重向社会承诺，作为国内最早通过全产业链模式保障乳品安全的企业，辉山所有乳品生产100%采用自有奶源，从源头解决乳制品安全及新鲜的核心问题，绝无添加硫氰酸钠。我司对此事件给消费者造成的困扰深表歉意。我司目前正与中国奶业协会、河北省食品药品监督管理局、辽宁食药监局和沈阳食药监局进行紧密的沟通和配合，查明真相，会将最后结果向关心辉山的朋友们及时通报。

我司欢迎消费者和媒体对我司予以严格监督，但对于恶意散播谣言、传递恐慌的行为，我司将保留采取一切法律措施的权利。

辽宁辉山乳业集团有限公司
2015 年 9 月 25 日

与此同时，为了防止危机的蔓延，辉山已进一步扩大了抽检样本范围，将其他批次产品送至相关部门再次进行检验，进行抽样检查。

4.2 事件升级：冀、辽食药监局"互掐"

23 日，辽宁省食品药品监管局接到河北省食品药品监管局通报，指出在河北省局近期组织的食品安全风险监测中，辽宁辉山乳业集团生产的高钙牛奶（NN47-2）检出非食用物质硫氰酸钠（参考值 10mg/kg，实测值 15.20mg/kg）。获悉管辖内产品出现问题后，辽宁省食品药品监督管理局高度重视，立即对涉事产品进行进一步检测。首先派遣检测人员赶赴产品生产地锦州市抽样检验，安排锦州市食品药品监管局会同义县市场监督管理局对该产品的生产基地进行现场核实；与此同时，辽宁省食品药品监管局派遣由主要领导带队组成的专题调查组深入辉山乳业，对涉事产品进行生产环节全链条检查，并抽取相关样品进行应急检验。

调查组对该企业的配料间、成品库、生产现场核查，结果未发现硫氰酸钠，在其配料中也未发现含有硫氰酸钠的物质。监督执法专业人员又对该企业库存的高钙牛奶成品、原料奶以及流通环节的高钙牛奶成品、超高温灭菌乳成品、核桃牛奶调制乳等共 8 个批次样品进行抽取送检，经沈阳食品检验所（具有国家该项目食品安全检验资质）检测，送检样品中硫氰酸钠的含量均在国家规定的参考值以下，全部合格。

9 月 28 日，辽宁省人民政府网站在其食品安全专栏发文称，"经多方调查，确认辉山乳业产品合格"，并表示辽宁省食品药品监管局调查组对辉山乳业进行了核查，未在该企业配料中发现含有硫氰酸钠的物质，称"据我局最新掌握的情况，截至目前尚未发现不合格产品"。

至此，整个案件变得更加复杂，河北省食品药品监督管理局几天的沉默让整个事件扑朔迷离，公众也不知道孰是孰非。一方面，河北省局对辉山乳业涉事产品采取停止销售措施；另一方面，9 月 28 日辽宁省食品药品监管局官网发布了"经多方调查,辉山乳业产品合格"的消息,事件一度升级。公众开始由质疑辉山高钙奶质量问题转向质疑河北省食品药品监督管理局是否存在"幕后操作"。

4.3 剧情反转:政府"戏剧表态"

为了尽快给媒体和公众一个合理的解释,辉山乳业28日在北京召开媒体沟通会。辉山乳业高级副总裁徐广义参加了沟通会,对"辉山河北高钙奶被下架事件"进行了说明。会议上,徐广义表示:"辉山绝不会也毫无必要添加硫氰酸钠,从2013年开始,辉山乳业就对硫氰酸钠指标进行了检测,截至目前已有十几万份的检测报告,同时还进行了第三方外检,所有检测数据均显示产品合格。"同时再次声明表示辉山对河北省食品药品监督管理局的检测结果无法认可,并公布了国家食品质量安全监督检验中心出示的产品检测合格结果,两次将产品送往权威第三方检测机构的检测结果均显示合格。

同时,徐广义也对河北省食品药品监督管理局的执法和检测结果提出了质疑,他认为河北省食品药品监督管理局存在检测程序违规、检测结果不实、判断结论不当、信息发布违法四大问题。"通过辉山乳业的核查,此次负责检查的秦皇岛出入境检验检疫局检验检疫技术中心的检测范围并不包含硫氰酸钠检测项目,出具的报告不具有专业性和权威性。而且在检测产品结果出现异常后,未能按规定通知企业、向企业质询,也没有留出企业的申诉和复检时间,导致辉山乳业无法及时申请复检。"徐广义表示。

就在当日深夜,河北省食品药品监督管理局在其官方网站上称,该局对河北市场销售的标称辽宁辉山乳业集团(沈阳、锦州)有限公司生产的其他批次产品进行了应急检验,结果合格。通报原文如下:

河北省食品药品监督管理局
关于对河北市场销售的辽宁辉山乳业集团(沈阳、锦州)有限公司
乳制品应急检验结果的通报

针对乳制品中硫氰酸钠风险问题,近日,河北省食品药品监督管理局对河北市场销售的标称辽宁辉山乳业集团(沈阳、锦州)有限公司生产的其他批次产品进行了应急检验，共抽样7批次。检验结果显示，本次抽取的7批次产品硫氰酸钠含量未超过国家食品安全风险监测参考值，详细信息见附件。

河北省食品药品监督管理局

2015年9月28日

附件　辽宁辉山乳业集团（沈阳、锦州）有限公司乳制品应急检验结果

序号	样品名称	规格型号	生产日期/批号	被抽样单位名称	标称生产单位名称	检验依据	检验项目	参考值.mg/kg	实测值.mg/kg
1	辉山牌杰茜牧场纯牛奶	250ml	S20150906A	秦皇岛曲鹏商贸有限公司	辽宁辉山乳业集团（沈阳）有限公司	《食品安全监督检和风险监测指定检验方法离子色谱法测定牛奶中硫氰酸根》	硫氰酸钠（以硫氰酸根计）	≤10	4.2
2	辉山牌杰茜牧场有机纯牛奶	250ml	S20150709B		辽宁辉山乳业集团（沈阳）有限公司				3.1
3	辉山牌核桃黑芝麻牛奶调制乳	220ml	G20150915A		辽宁辉山乳业集团（锦州）有限公司				2.9
4	辉山牌核桃黑芝麻牛奶调制乳	220ml	G20150916A		辽宁辉山乳业集团（锦州）有限公司				2.7
5	辉山牌肠道调制乳	250ml	G20150715A		辽宁辉山乳业集团（锦州）有限公司				2.7
6	辉山牌纯牛奶	240ml	G20150917E		辽宁辉山乳业集团（锦州）有限公司				3.0
7	辉山牌纯牛奶	250ml	G20150906A		辽宁辉山乳业集团（锦州）有限公司				3.7

而更为戏剧的一幕发生在第二天，29日深夜，河北省食品药品监督管理局对乳制品中硫氰酸钠风险监测情况再次说明，提出撤销此前发布的食品销售安全警示。撤销声明原文如下：

河北省食品药品监督管理局
关于乳制品中硫氰酸钠风险监测情况的说明

我局在近期食品安全风险监测中发现，有一批次标称辽宁辉山乳业集团生产的高钙牛奶中硫氰酸钠检测值为15.2mg/kg，高于国家食品安全风险监测参考值（≤10mg/kg）较多。鉴于原卫生部公布的《食品中可能违法添加的非食用物质和易滥用的食品添加剂品种名单（第一批）》中明确规定，硫氰酸钠严禁用于乳及乳制品中。经组织专家初步研判，认为存在一定的风险。考虑到公众对乳品安全非常关心，从防范风险和维护公众健康的角度出发，我局9月24日发布了一期食品销售安全警示。

警示发布后，根据消费者的反映，我局又对市场销售的标称辉山乳业集团生产的其他7批次液态乳产品进行了应急抽样检验，7批次产品检验结果在2.7～4.2mg/kg。鉴于牛乳中本身存在一定的硫氰酸钠本底值，且国际食品法典委员会（CAC）规定生乳中允许添加硫氰酸钠的限量值为14mg/kg，结合应急抽样检验结果，经再次组织专家研判，认为此前发布的15.2mg/kg检出值对消费者的健康风险低。考虑上述因素，我局决定撤销9月24日发布的该期食品销售安全警示。

河北省食品药品监督管理局
2015年9月29日

4.4 波及整个乳业：一损俱损？

9月29日晚上，河北省食品药品监督管理局发布通告，解除对辉山产品的消费安全警示。沸沸扬扬的硫氰酸钠事件本应就此告一段落，但此时的影响已逐渐扩大到整个乳业。9月30日，中国乳制品工业协会就此发表声明，认为此次事件不仅给辉山造成巨大损失，也使尚未走出三聚氰胺阴影的中国乳业再次受到打击，指责河北省食品药品监督管理局违规执法，把化学物质的硫氰酸钠与牛奶本底中的硫氰酸钠混为一谈，错误判定"人为添加",缺乏科学依据,误导消费者,"整个行业感到震惊",要求河北省食品药品监督管理局收回发布结果,公开道歉,恢复乳企名誉。

10月1日,中国奶业协会也发布声明,认为"硫氰酸钠风波"不仅给消费者带来了疑虑和恐慌,还造成了辉山乳业集团巨大的声誉损害和经济损失,同时也连带了其他乳品上市企业,使整个奶业蒙受伤害,希望有关部门吸取教训,公正执法。

"我们必须得出来发声,否则又一个企业倒下了。"乳业专家宋亮指出,"河北省食品药品监督管理局在检测出结果后应该进行比对性分析,然后将产品样本封存,随后上报上一级以及国家食药监局,同时要告知企业,要企业采取相关措施进行封存。这些河北省食品药品监督管理局都没有做,在管理上存在漏洞,做出贸然的公布是不合理的。"在三聚氰胺阴影仍未消散、消费者信心没有完全恢复之际,受害者不仅是辉山乳业,受害的是整个乳品产业,"国家食药监总局应尽快组成调查团,检测后给出公平的结论"。

与此同时,9月30日,国家食药监总局发布了《关于乳制品中硫氰酸钠风险监测情况的通报》称,2015年以来,总局共监测了4048个批次乳制品样品,硫氰酸钠检测值均未超过参考值,其中包括标称辽宁辉山乳业集团有限公司生产的样品85个。

国家食品安全风险评估中心陈君石院士指出,河北省食品药品监督管理局对硫氰酸钠的说明有误,而媒体的推波助澜渲染使得社会产生了过度的恐慌。因为牛奶中本身就有一定的硫氰酸钠底值,实际上,未做任何处理的生牛乳中硫氰酸盐含量最高可达到35mg/L,因此辉山乳业检出15.2mg/L的硫氰酸钠不一定就是人为添加,应查明来源再做进一步处理。而且,我国规定牛奶中的硫氰酸钠含量不得超过10mg/L,是一个防范人为添加的"执法标准",而不是"安全标准",并不是说超过此值的牛奶就会危害健康,更不意味着就是"毒牛奶"。另外,国际上硫氰酸钠是一种添加到生乳中的保鲜剂,FAO、WHO发布的《乳过氧化物酶体系用于原料乳的保鲜指南》规定在缺乏冷链条件下可以在生乳中添加约14mg/kg的硫氰酸钠,再加上天然存在的硫氰酸钠,这说明15.2mg/L剂量的硫氰酸钠对人体的健康风险很低。

5　危机过后的反思

因安全警示事件停牌的辉山乳业已于30日复牌，辉山乳业公告称，经国家食品质量安全监督检验中心和河北省食品药品监督管理局以及第三方机构检测，此前被称"硫氰酸钠超出最高限定值"的产品检测结果全部合格。公司申请9月30日恢复股票买卖。截至收盘，辉山乳业股价下跌2.10%，收于2.79港元。

至此，辉山集团的品牌危机得以解除。辉山集团劫后之余，损失已经造成，引无数感慨。乌龙事件不仅使中国乳业又一次面临拷问，还暴露出辉山作为一家老牌民族乳企，其自身的食品安全监管体系还是有一定缺陷的。

首先，辉山引入第三方检测到日常产品质量监测的意识不强。企业自检是企业生产环节的重要一环，但是当问题来临时，企业自检对于公众来说，往往不具备说服力，因此，在日常产品质量检测中，具有资质的权威的第三方检测的引入是很有必要的，这对企业来说，也是一种必要的自我保护。另外，作为乳品企业，辉山的全程可追溯体系也有漏洞。辉山乳业为自证清白公布的9月10日和9月16日同一牧场的2个批次产品检测报告，显示硫氰酸钠含量差距达到近4倍。为何同一牧场的原奶出现如此大的差异？辉山乳业副总裁王欣宇表示，辉山有70多个牧场，布局分散，各个牧场的原奶运到工厂都混合在奶罐里了，一个批次的产品来自不同的牧场，因此造成产品数据有高有低。这也意味着一旦产品出现问题，辉山乳业并不能真正追溯查询到底是哪个牧场的原奶出了问题。

同时，作为政府监管部门，河北省食品药品监督管理局在政府监管方面存在许多漏洞。首先，检测程序违规。硫氰酸钠属于国家食品安全风险监测项目，《食品安全风险监测管理规范（试行）》第二十五条明确规定：如监管部门通过检测机构进行的检测结果显示风险值过高，监管部门可以向企业进行质询，并给企业预留申诉和复检的时间。但是辉山一直没有直接收到河北省食品药品监督管理局关于辉山高钙奶的任何通知，只是通过媒体等途径辗转得到河北省食品药品监督管理局下架停售的通知。此时，该批次产品已过期23天,导致辉山实际上被剥夺了进行申诉和申请复检的权利,在客观上无法对该批次产品的检测结果进行确认。正常的程序应该是事件发生后第一时间通知上级部门和涉事企业,三方共同查找事件原因,商议解决方案,单方面的裁决有失公允,而且无形中剥夺了企业申诉和申请复检的权利,这一程序上的瑕疵严重损害了辉山集团的合法权益。

其次,信息发布也十分欠妥。新食品安全法中,第一百一十八条规定:公布食品安全信息,应当做到准确、及时,并且进行必要的解释说明,避免误导消费者和社会舆论。因此食品药品监督管理部门作为食品行业监管部门,应本着客观、公正、公平的原则通报检测结果,但河北省食品药品监督管理局官方网站的标题为《食品安全警示(三)》的报道明显带有浓郁的主观臆断和感情色彩,通过不恰当的预警提示误导消费者认为所谓的硫氰酸钠超标是人为添加所致。这种草率且不客观的信息发布不仅给企业带来巨大的负面影响,还极易对国内整个乳品行业造成不必要的伤害,甚至引起整个社会的恐慌。政府监管部门在发布食品安全信息时要严格遵守新食品安全法的规定,而且此次发布的信息涉及敏感的乳品行业问题,尤其应该慎重,切忌拍脑袋做出管理决定。

最后,风险管理要以科学为准绳。牛奶中硫氰酸钠是否超标以及是否对消费者健康有危害,政府相关部门在发布食品安全预警消息前,如果提前跟有关部门及权威专家进行沟通,不至于造成如此乌龙,更不会给消费者造成不必要的恐慌。陈君石院士也提示政府监管部门今后在进行风险管理决策时,要多以科学为准绳,切莫自乱阵脚,以至影响公信力。

6 尾声

大道至简,知易行难。乳业之道,在于安全与品质的保障,在中国经济转型升级的当下,乳业产业的固有周期与人口红利引发的市场井喷以及消费者需求的迅速迭代,使得乳业进入一个机遇与挑战并存的时期。随着中国乳业发展的不断深化,优质奶源的掌控才是走在行业前端为国人提供优质乳制品的根本。辉山乳业多年来也一直致力于构建以奶源为核心的乳业全产业链,从根本上保证奶源的安全与品质。

此次的辉山硫氰酸钠风波，虽未造成如三鹿"毒奶粉事件"般的影响，但也给致力于打造"安全无事故"金字招牌的辉山造成了不可避免的损失。更何况，中国的乳品消费市场已经脆弱到再也经不起任何一次折腾。越是在这样的敏感关键期，作为政府职能部门，更应该竭力营造一个公开"透明"规范的消费环境，而不是加大力度、简单暴力式执法，因为越是这样，越是一种负面信号的传递，也越让消费者感到恐慌迷茫。我们不可能期待消费者能够像乳业从业者一样寻根溯源、去伪存真地寻找正能量。乳品企业、政府管理部门以及媒体，必须要做的是专业地尽职尽责，不要让闹剧再度发生。

附件1：

中国乳制品工业协会关于辽宁辉山乳业高钙牛奶硫氰酸钠超限量值问题的声明

日前，我协会接到辽宁辉山乳业集团公司的报告，该企业7月10日生产的高钙牛奶（240ml灭菌奶）被河北省食药局检出硫氰酸钠含量达15.2mg/kg（最高限定值≤10mg/kg）。认为是人为添加，为的是起到防腐作用，并说硫氰酸钠是毒害品，少量食入就会对人体造成极大伤害，采取了停售、消费者退货措施。消息一出即引起社会震动，被媒体称作"第二次三聚氰胺事件"，再次引起广大消费者对国产乳制品质量安全的恐慌，不仅给辉山造成巨大损失，也影响到了整个行业，使尚未走出三聚氰胺阴影的中国乳业再次受到打击，整个行业感到震惊。我们认为河北省食药局违规执法，结果判定错误，误导消费者。为此，我协会特发表声明如下：

一、牛乳本底含有硫氰酸钠

牛奶本底含有一定数量的硫氰酸钠，而且随着季节的变化、饲料的差异，含量还会发生变化。

国际乳联（IDF）公报234号指出，牛乳中的硫氰酸钠含量是不稳定的，可以达到10~15mg/kg，但通常的浓度范围是2~7mg/kg。

国内科学界也做了一些研究。认为硫氰酸钠在原料乳的正常浓度：牛乳为 6~12mg/L，平均值 8.5mg/L；山羊乳为 6.6~8mg/L，平均值 7mg/L。有的研究则是，牛奶中平均含硫氰酸离子范围 0.4~22mg/kg。

河北省食药局发布的"食品销售安全警示（三）"，认为是人为添加，是武断的，是不专业的，没有事实依据的，是错误的。

二、关于硫氰酸钠

到目前为止，国内外对化学物质的硫氰酸钠的毒性已有研究，它是属于有毒有害物质。但尚无有关牛乳中天然含有的硫氰酸钠对人体伤害的报道。研究文献表明，至少，现在可以认为牛乳中天然含有的硫氰酸钠，只要在正常的范围之内，就不会对人体造成伤害。河北省食药局发布的"食品销售安全警示（三）"，把化学物质的硫氰酸钠与牛奶本底含有的硫氰酸钠混为一谈，认为是"毒害品"，"少量食入就会对人体造成极大伤害"，是没有科学依据的。

硫氰酸盐被认为是哺乳动物血液中一种常见的电解质，人类血浆中的浓度水平，不吸烟者为 2~3mg/L，吸烟者为 9~12mg/L。这些硫氰酸盐大部分都是外源性的，人体摄入的各种硫代葡萄糖苷，如芥子苷、芥苷和新芥苷，它们通过水解可以产生硫氰酸盐。这种硫代葡萄糖苷通常来源于十字花科类植物，如：菜花、卷心菜、甘蓝。硫氰酸盐的另一个重要来源，是氰化物通过硫代硫酸酶发生的硫代酶解反应。这种酶大多存在于哺乳动物的组织中，其中肝、肾、肾上腺、甲状腺和胰腺中的含量最高。硫氰酸盐是通过乳腺、唾液腺和胃黏膜分泌的。唾液中含量最高，浓度范围是 50~300mg/L。

硫氰酸盐可以激活生鲜乳中过氧化物酶体系，而过氧化物酶体系可以对生鲜乳起到保鲜作用。因此，在 20 世纪 90 年代被用作没有冷却条件的生鲜乳保鲜。1991 年，WHO 和 FAO 的食品法典委员会公布了 CAC/GL13—1991《乳过氧化物酶体系用于原料乳的保鲜指南》，该指南严格规定了此方法的适用范围和使用方法，规定在原料乳收集和运输至加工厂期间，仅在缺乏必要的冷却设施时才可以应用。在发展中国家，由于奶牛场缺乏冷却设施，为防止鲜乳腐败，此方法提供了一种费用低廉而实用的选择。因而在第三世界国家普遍使用。

1995 年，我国发布了 GB/T 15550—1995《活化乳中过氧化物酶体系保存生鲜乳实施规范》，规定添加 15mg/kg 硫氰酸钠，利用乳中的过氧化物酶体系保存生鲜乳。1996 年颁布的 GB 2760—1996《食品添加剂使用卫生标准》，规定使用 0.3% 的过氧化氢 2.0ml/L 和 15.0mg/L 硫氰酸钠，用于原料乳保鲜。GB/T 15550—1995《活化乳中过氧化物酶体系保存生鲜乳实施规范》属于推荐性标准，规定适用范围仅限于交通不便、没有冷却设施的边远地区生乳保鲜。这种方法一开始就受到了乳品行业的普遍抵制，因为对添加物的浓度、数量要求很严，而偏远地可能无法满足这样精准的要求，容易滥用。当时行业统一实施的有效方法是，定时挤奶，限时将奶送往收奶站，奶站配备降温冷却设施，有效保持原奶的新鲜。后来，由于担心硫氰酸钠被滥用以及其带来的不利影响，2005 年 GB/T 15550—1995 废止，GB 2760—2007《食品添加剂卫生标准》也取消了硫氰酸钠的使用。2008 年 12 月 12 日，卫生部公布了《食品中可能违法添加的非食用物质和易滥用的食品添加剂品种名单（第一批)》，明确规定乳及乳制品中硫氰酸钠属于违法添加物质。

在 20 世纪，硫氰酸钠被允许当作保鲜剂使用的时候，乳品行业没有一家企业允许奶户使用此法。在今天，现代化的规模奶牛场已超过 45%，全部实现机械挤奶，冷却设备、保温储罐齐全；全国基本没有了散户饲养，规模小区全部实现机械挤奶，冷却储奶。全国没有企业会使用硫氰酸钠来保鲜原奶。特别是辉山乳业集团，是全产业链模式的企业，所有原料乳均来自本公司办的现代化牛场，牛奶挤下来后马上冷却进入冷藏储罐，在很短的时间内即可到达工厂进行加工，整个过程都在冷链控制之下，加工的产品又属于灭菌乳，根本就用不着加防腐剂来保鲜。

三、检验报告不具有法律效力，不能作为执法依据

（一）检验机构不具备检验硫酸氰钠的资质

《食品安全法》第八十四条规定，"食品检验机构按照国家有关认证认可的规定取得资质认定后，方可从事食品检验活动"，"符合本办法规定的检验机构出具的检验报告具有同等效力"；第八十七条规定，"县级以上人民政府食品药品监督管理部门应当对食品进行定期或者不定期的抽样检验……。进行抽样检验，应当购买抽取的样品，委托符合本办法规定的食品检验机构进行检验"。

据辉山乳业集团反映，本次抽检是由秦皇岛市食品和市场监督管理局组织的，委托秦皇岛出入境检验检疫局检验检疫技术中心对样品进行的检验。而中国合格评定国家认可委员会（CNAS）实验室认可信息显示，秦皇岛出入境检验检疫局检验检疫技术中心虽然具备检验资质，但其检测范围并不包括硫氰酸钠检测项目。

（二）出具的检验结果不符合规定程序

2014年国家食药总局颁布的《食品安全抽样检验管理办法》第三十条规定："地方食品药品监督管理部门对本辖区食品生产经营者组织或者实施监督抽检的，应当在收到不合格检验报告后及时通知被抽检的食品生产经营者。"《食品安全法》第八十八条规定："对依照本法规定实施的检验结论有异议的，食品生产经营者可以自收到检验结论之日起七个工作日内向实施抽样检验的食品药品监督管理部门或者上一级食品药品监督管理部门提出复检申请。"

但是，河北省食药局自始至终没有以任何方式通知企业，没有让企业确认所检产品的真伪，企业对检验单位的样品采集是否符合规定，检验设备、检验方法是否正确无法进行评估，更没有给企业申诉、复检的机会。

我们认为，河北省食药局委托不具有资质的检验机构进行检验，发布的检验结果没有通知企业，更没有给企业申诉、复检的机会，违反了相关法律法规的规定。因此，检验报告是无效的、不符合法规要求的，不具有法律效力，不能作为执法的依据。

四、河北省食药局执法过程不符合相关法律法规的规定

硫氰酸钠不是乳制品国家标准设定的指标，因而对硫氰酸钠的抽检不属于产品质量监督抽检，而是食品安全风险监测。所以，该次执法不仅要遵守《食品安全法》的相关规定，而且还应遵守国家食品安全风险监测的有关规定。2013年，国家食药总局关于食品安全风险监测管理的文件，对风险监测的目的、意义、问题产品信息报告、核查处置、承检机构管理、样品采集技术要求等都做了明确规定。其中：

《食品安全风险监测管理规范（试行）》第二条规定："食品安全风险监测，是指通过系统地、持续地对食品污染、食品中有害因素以及影响食品安全的其他因素进行样品采集、检验、结果分析，及早发现食品安全问

题，为食品安全风险研判和处置提供依据的活动。"第二十五条规定："未经食品药品监管总局批准，任何单位和个人不得泄露和对外发布食品安全风险监测数据和相关信息。"

《食品安全抽样检验管理办法（国家食品药品监督管理总局令第11号)》第四十三条规定："食品安全风险监测结果发现食品可能存在安全隐患的，国家和省级食品药品监督管理部门可以组织相关领域专家进行分析评价。分析评价结论表明相关食品存在安全隐患的，食品药品监督管理部门可以根据工作需要告知相关食品生产经营者采取控制措施。"

《食品安全风险监测问题样品信息报告和核查处制规定（试行)》第五条规定："承检机构检出非食用物质或可能存在较高风险的样品，应在确认后24小时内报告问题样品采集地省级食品药品监管部门……问题样品为加工食品的，还应报告生产地省级食品药品监管部门。"

《食品安全风险监测承检机构管理规定（试行)》第十一条规定："承检机构应承担保密义务，不得泄露、擅自使用或对外发布食品安全风险监测结果和相关信息。"

我们认为：河北省食药局未组织专家进行风险评价，也未通知所在地省级食药局进行核实处置，草率发布检验结果，进行执法查处，违反了食品安全风险监测的相关规定。

这件事绝不仅是辉山一家企业的事，影响的是整个乳品行业。众所周知，受三聚氰胺影响的中国乳业，至今都没有走出灾难的阴影，不能再遭受这样的无端打击和伤害。我们强烈要求，河北省食药局收回发布的结果，公开道歉，为辉山恢复名誉，为整个乳业恢复名誉，并请专家从科学的层面澄清由此所造成的负面影响。

特此声明。

中国乳制品工业协会
2015年9月30日

第九章　上海假奶粉事件——
假奶粉触发真痛点

摘　要：三聚氰胺事件使众多乳企惨遭信任危机，乳品行业正竭力重塑品牌信誉之际，上海假奶粉事件又给了乳品行业一记重拳。本章介绍了雅培、贝因美等婴幼儿配方乳粉知名品牌相继被不良分子仿造的案例，描绘了案件调查过程中政府部门与两大知名企业之间的互动发声，直至将违法分子绳之以法的事件来龙去脉，探讨了事件对雅培、贝因美带来的影响，并引导思考乳品行业如何重塑消费者的信心，政府、企业、消费者、媒体如何携手共治共筑一片透亮光明的乳品天空。

关键词：上海假奶粉；造假；雅培；贝因美

第九章

上海假奶粉事件——假奶粉触发真痛点

引 言

一个孩子的诞生是一个家庭的希望，一个家庭的和睦是一个社会的和谐，一个社会的有条不紊是一个国家的蒸蒸日上！就在我们为努力实现国富民强的中国梦而努力奋斗时，出现了这样一群人：为谋私利，不择手段。这群人就是婴幼儿奶粉的造假者。2014年8月至2015年9月，数万婴儿呱呱坠地，个个家庭沉浸在一片喜悦当中。而在上海的一个偏僻小区，却上演着惊心动魄的一幕，造假者们道德败坏，他们从市场上买回低档的奶粉灌装到高档奶粉的容器中，以高价销售到各个地区，赚取高额利润。直至2015年9月9日，雅培公司发现其产品被人仿造，向公安机关举报，警方着手进行侦查，终于将这群不法之徒绳之以法，这一事实才慢慢浮现。贝因美和雅培成为这桩事件的被害主角，随后政府和两大企业便进入了频频互动阶段：政府发布公告，贝因美和雅培发表声明，政府再次召开新闻发布会，企业再次发表声明……虽然政府和企业都在尽力道明事情原委，但消费者们能否明白这一片苦心？乳企近年来屡屡受挫，可谓一波未平一波又起，而此次被造假事件又是因何而起？作为主角的贝因美和雅培能否在此次事件中打个漂亮的胜仗，为乳企行业一雪前耻？让我们一探究竟。

1 主角上场：两大品牌

1.1 贝因美

"宝贝因爱而美"，伴随这句朗朗上口的广告语，贝因美获得了许多妈妈的青睐。1992年，贝因美也同一个个的小宝贝一样，出生在浙江杭州，在谢宏等人的呵护之下，成为中国大陆婴童产业的开拓者、领航者及最大规模企业之一。贝因美公司主要从事婴幼儿食品的研发、生产和销售等业务。公司以"亲子顾问，育儿专家"作为品牌定位，坚持将提升产品品质作为可持续发展的核心优势。贝因美在逐年的发展中建立、实施和不断完善生产质量管理体系，应用全球领先的生产工艺与专业设备并承诺优质的奶源与严格的监控，致力于制造出具有国际先进水平、更适合中国宝宝的产品。据独立市场研究公司尼尔森的研究数据显示，2014年贝因美的国内市场占有率位列第3，是前三甲中唯一一家本土奶粉品牌。

贝因美公司发展至今已有24年历史，多年的积累使得贝因美取得如今的地位，获得了妈妈们的信赖。其成长历程详见表1。

表1 贝因美重大事件概述（1992—2015年）❶

时间	事件
1992年	贝因美成立，婴幼儿速食营养米粉在中国长三角地区上市
1995年	进军全国市场
1998年	初步建立全国营销网络
1999年	发起设立"贝因美股份"
2000年	并购吉林敦化儿童营养食品厂
2001年	正式进入中国婴儿配方奶粉市场；BEINGMATE国际特许连锁样板店在杭开张
2002年	试办贝因育婴中心，成为中国最早探索早期教育和养教一体化者
2004年	收购杭州美丽健乳业，正式跨入液态奶领域
2005年	兼并"中国奶牛之乡"黑龙江安达本地乳品企业，成立黑龙江贝因美乳业有限公司，正式将奶粉制造基地设立在北纬45度以上、国际公认最佳养牛带；湖北宜昌、广西北海工厂同时兴建
2006年	中国市场断奶期食品市场占有率第一； 并购安徽益益乳业
2007年	获评"最佳雇主企业"和"最具社会责任感企业"
2008年	贝因美婴童生活馆全球概念店在北京开张； "冠军宝贝训练营"在贝因美婴童生活馆全球概念店开营； 贝因美安达工厂一期工程竣工投产，二期工程奠基开工； 杭州国际婴童产业园首个项目——贝因美年产6万吨配方乳粉生产基地在钱江经济开发区正式签约； 贝因美通过国家质检总局三聚氰胺专项检查； 贝因美北海工厂年产2万吨液态奶项目工程竣工投产； 贝因美发布中国婴童行业首部企业社会责任（CSR）绿皮书

❶ 资料来源：贝因美官网。

续表

时间	事件
2010年	贝因美在"新浪2009婴幼行业网络盛典暨行业高峰论坛"荣获"最受消费者信赖品牌奖""最具社会责任企业奖""最受网友喜爱品牌奖"
2011年	4月12日在深交所挂牌上市,是迄今为止国内A股唯一的婴童食品公司;顺利通过新QS的现场审查,获得"婴幼儿配方乳粉"和"调制乳粉"(特殊配方乳粉)生产许可证
2013年	贝因美在第4届中国食品安全高层对话论坛获"网友最信赖品牌奖"
2015年	公司下属全资公司爱尔兰贝因美认购中法(并购)基金开展对外投资;收购敦化美丽健乳业有限公司65%的股权,成为其控股股东

1.2 雅培

雅培公司由 Wallace C. Abbott 医生于1888年在美国芝加哥创办,历经了百年发展的雅培如今已成为一家包含医药、营养品及婴幼儿乳品等多元化产品的世界500强企业。

雅培在创立之初是一个药厂,后逐渐拓宽领域并于1927年首次研制开发"心美力"婴儿奶粉,之后婴幼儿营养产品不断趋向完善和全面。雅培于1998年推出的"喜康宝"婴儿奶粉,率先添加72mg/l TPAN核苷酸,开创了婴幼儿营养的新时代。120多年以来,雅培保持着业界先驱的地位,将制药的严谨态度、营养科学和领先的技术相结合,竭力打造优质乳粉产品,受到130多个国家和地区妈妈们的信赖。

1995年,雅培正式进入中国。1998年成立上海雅培制药有限公司,合资工厂位于上海奉贤,并于2000年通过GMP认证。2006年,二期药品制剂工厂正式投入生产。目前,雅培除了在上海设立中国总部之外,还建立了10个办事处、3家工厂和2个研发中心,拥有4000多名员工。

表 2　雅培乳业大事件概述[1]

时　间	事　件
1888 年	雅培大药厂在美国芝加哥成立
1927 年	成功推出 Similac 婴儿奶粉，畅销美国
1959 年	率先在婴儿奶粉中添加铁质，推出 Similac 含铁婴儿奶粉
1964 年	首先发现牛磺酸在婴儿智力和视力发育中的作用，并率先在奶粉中添加与母乳等量的牛磺酸
1966 年	Isomil 婴儿奶粉问世，适用于牛奶蛋白过敏及腹泻康复期的婴儿
1997 年	推出含 6 项美国专利的雅培喜康宝婴儿奶粉，特含 TPAN 核苷酸天屏保护系统，增强婴儿免疫力
1998 年	推出的"喜康宝"婴儿奶粉，率先添加 72mg/l TPAN 核苷酸，开创了婴幼儿营养的新时代
2004 年	雅培在中国上市含有益生菌+益生元的金装幼儿喜康力和金装小安素
2009 年	新上市雅培金装喜康力智·护100 配方
2010 年	美国雅培以产品可能受甲虫污染为由（实为内部含有甲虫），宣布召回部分 Similac 品牌的婴儿奶粉
2011 年	新上市雅培菁智奶粉和亲护系列奶粉
2012 年	新上市早产儿配方奶粉

2　经典重现："狸猫换太子"

2014 年 8 月，酷暑时节，当众人都在懒洋洋地寻找避暑良方时，陈某和潘某等人却忙碌于各个市场里，寻找"挣钱良方"。陈某何许人也？自 2007 年以来就从事奶粉的代理销售，相关经验非常丰富，十分熟悉婴幼儿配方乳粉生产销售的全过程，生动地将其寻找到的"挣钱良方"——假奶粉的制造销售链条过程概括为"购买廉价乳粉""仿制品牌罐体""印制品牌标签""罐装加工""委托批发商秘密销售"五步。

严格按照这方法，陈某等人以每盒 30 多元的价格从市场上购入正常销

---

[1] 资料来源：雅培官网。

售的贝因美金装爱+婴幼儿配方乳粉（405克）纸盒装，然后将其装入仿制的贝因美铁罐中（山东金谷制罐有限公司仿制），由此生产仿造罐装贝因美金装爱+婴幼儿配方乳粉（1000克）1.1万余罐，并通过乳粉批发商杜某以每罐140元左右的价格销给河南郑州经销商侯某、石某，以及安徽合肥经销商孙某、张某，销售额达160余万元。直至2015年5月，陈某等人的视线均集中于仿造贝因美奶粉。而此时的贝因美没有丝毫的察觉，仍沉浸在自己有条不紊的公益工作里：携手中国红十字会博爱基金等基金向西藏受灾地区捐赠530万元现金和婴童物资，并向灾区人民慰问；创始人谢宏在为大学生们讲解理想、责任、使命三者在创业道路上的关系；与北京大学签约并资助北京大学公共卫生学院研究课题"中国孕产妇及子代健康问题人群队列研究与平台建设"……

直至2015年4月，陈某等人在窃喜的同时，将视线逐渐转向雅培奶粉，制假手段愈演愈烈。陈某等人将仿制雅培塑料罐体工作移至广东东莞兰奇塑胶公司并在浙江台州市路桥区一印刷作坊印制雅培婴幼儿配方乳粉标签，其后，他们以每罐70~80元的价格在市场上购买新西兰产"Vitacare""美仑加""可尼克"婴幼儿配方乳粉和国产"奥佳""和氏""摇篮"等品牌婴幼儿配方乳粉，分别在山东兖州、湖南长沙的窝点罐装生产1.16万罐冒牌雅培金装喜康力婴幼儿配方乳粉（900克），也是通过乳粉批发商杜某以每罐160元左右的价格销给安徽合肥经销商孙某、张某，还有河南郑州乳粉经销商晋某、刘某，江苏宿迁经销商王某，湖北武汉经销商冯某，销售额达190余万元。

陈某等人以为这件事做得神不知鬼不觉。但其实不然，群众的眼睛是雪亮的。2015年5月，湖北省武汉市的婴幼儿配方乳粉经销商冯某（非涉案人员）发现外包装与正品有明显差异，因怀疑其为假货，自行销毁冒牌雅培婴幼儿配方乳粉1500罐。2015年7月，江苏省宿迁市乳粉经销商王某（非涉案人员）也怀疑乳粉为假货，自行销毁冒牌的雅培乳粉600罐。被乌云遮住的天空在慢慢变亮。

2015年9月初，陈某等人再次为自己的"大智慧"拍手称赞，以为找到了这辈子一劳永逸的发财致富良方，殊不知，雅培公司灵敏地觉察到了什么……

3 明智断案，政企发声

3.1 警方介入，真凶浮现

2015年9月9日，雅培公司发现产品被人假冒后立即到上海市公安机关进行举报，随后警方立即进行立案侦查。经过2015年12月9日至2016年1月7日近2个月的侦查，现场缴获冒牌雅培婴幼儿配方乳粉1000余罐，罐体2万余个以及冒牌雅培商标6.5万余件及有关制假工具。上海市公安机关以涉嫌生产销售伪劣产品罪将犯罪嫌疑人陈某、潘某等6人移送起诉，并对杨某进行网上追逃。

2014年8月至案发的2015年9月期间，该犯罪团伙共生产假冒奶粉2.26万罐（假冒贝因美1.1万罐，假冒雅培1.16万罐）。数量巨大的假奶粉的流向自然引起了大家的关注。安徽省合肥市婴幼儿配方乳粉经销商孙某发现乳粉外包装存在问题，此时恰逢案发，其自行销毁冒牌雅培婴幼儿配方乳粉1200罐，且上海公安机关已收缴冒牌雅培婴幼儿配方乳粉5000罐，目前尚未查明下落的冒牌乳粉还有3300罐。关于贝因美牌假冒乳粉，安徽省合肥市婴幼儿配方乳粉经销商张某供认：在2015年8月之前，已销售冒牌贝因美婴幼儿配方乳粉3600罐。

2016年3月22日，"假奶粉案"首次曝光，上海市人民检察院和最高人民检察院及其官方网站转载来自《检察日报》的题目为《上海市检察院第三分院审查批捕一跨地区生产销售伪劣产品案》的文章，文章指出2016年1月8日，公安机关对涉案的陈某等7人正式报请批准逮捕。市检三分院经审查确认，犯罪嫌疑人陈某、唐某组织他人仿制假冒品牌奶粉罐、商标标签，收购低档、廉价或非婴儿奶粉，在非法加工点罐装出售，共计生产销售了假冒奶粉1.7万余罐，非法获利将近200万元；犯罪嫌疑人谷某、郑某明知他人用于制假，仍为他人生产假冒品牌奶粉罐；犯罪嫌疑人潘某、吴某参与假奶粉的灌装生产，并提供用于制假的低档、廉价奶粉。2016年1月15日，市检三分院依法对陈某等6人以生产、销售伪劣产品罪做出批准逮捕决定，对1名犯罪嫌疑人做出存疑不捕决定。与此同时，该院发出今年首份逮捕案件继续侦查取证意见书,要求侦查机关对案件相关证据进一步固定,对在逃人员加强追逃力度。另外,检察官在依法提前介入和后期案件审查中发现,犯罪嫌疑人吴某某明知陈某等人制假,仍然为陈某印制假冒品牌奶粉罐贴纸数万张,其行为已构成非法制造、销售非法制造的注册商标标识罪,可能判处 3 年以下有期徒刑,遂建议公安机关对吴某某补充立案侦查。

但值得注意的是,该报道中并未公布被假冒的奶粉品牌。

3.2 告知民众,雅培卷入

关于上海"假奶粉"的话题不断在网络上发酵。"假奶粉"事件引起了公众的强烈反响,在外界的一片质疑声中,各级政府也分别发文对此次事件进行说明。

2016 年 4 月 4 日,上海市食品药品监督管理局在其官方网站上发出公告《严查假冒"雅培"婴幼儿乳粉案件》,文中称检察院、公安局已破获生产、销售假冒雅培乳粉案件,已批捕 6 名涉案犯罪嫌疑人。上海市食品药品安全委员会办公室正协助公安部门根据国务院食安办的督查要求,协调相关 7 个省彻查假冒乳粉流向,特别是追查网络销售假冒乳粉流向的同时,依法严惩冒牌乳粉犯罪行为。至此,雅培正式卷入"假奶粉事件"中。

同日,国家食品药品监管总局新闻发言人表示严查假冒婴幼儿乳粉案件,并指出总局在第一时间责成上海市食品药品监督管理局立即向有关公安部门了解案件情况,并协助公安机关追查涉案冒牌产品流向,控制风险,对涉案企业严肃查处,绝不姑息。国务院食品安全委员会已派员赴上海实地督查,并要求相关省份彻查乳粉流向,严惩冒牌乳粉等欺诈行为,确保婴幼儿配方乳粉质量安全。另外发言人表示,上海公安部门已经对查获的假冒乳粉进行了产品检验,产品符合国家标准,不存在安全风险,以此消除消费者的恐慌情绪。此外提醒广大消费者,谨慎在网上购买婴幼儿乳粉,警惕不法分子冒牌欺诈行为。

继上海食品药品监督管理局和国家食品药品监管总局发布公告之后,雅培也于同日做出回应,阐明立场,以下是声明原文:

雅培声明

产品的质量和安全以及消费者的健康一直是雅培的重中之重,在发现市场上出现少量批次假冒雅培嘉兴产亲体婴幼儿奶粉产品后,雅培立即向上海市公安机关反映情况。上海公安非常重视,立即进行了侦查。经上海公安事后反馈,该案件在去年12月已经破获,相关犯罪嫌疑人已被逮捕,现已进入法律程序。所涉及假冒雅培产品已经于去年年底被查处并全部收缴。

雅培公司在此提醒消费者,请从正规渠道购买雅培产品。

雅培贸易(上海)有限公司
2016年4月4日

此时,雅培必定为自己当时的市场敏锐度而倍感欣慰,声明中也确实看出雅培在极力摆明立场,雅培是此次阻止造假的功臣,也是无辜的受害者,希望消费者能明察秋毫,继续购买雅培产品。但无辜受害,又岂能独善其身,消费者又怎会因为你的一纸声明,就继续对你宠爱有加。

我们再来仔细地对比政府和公司的公告,同日内,按照雅培方面的说法,公司于去年9月在市场上发现假冒产品,随后向公安机关报案,目前案子已经完结,假冒产品也已经被全部缴获。但政府的公告中却表示:"市食药安办正协助公安部门根据国务院食安办的督查要求,协调相关7个省彻查假冒乳粉流向。"这就不得不让我们有所思考,既然全部收缴了,为何还要彻查流向?

3.3 猝不及防,贝因美卷入

就在外界以为涉案的假冒奶粉全部为雅培时,4月6日国家食品药品监督管理总局再度发布公告,称涉案品牌还有贝因美。这样,贝因美也进入了大众眼帘,本土奶粉领衔品牌的产品也被仿造了。而贝因美却表示感到十分突然,据其官方客服人员答复,目前并未接到假冒奶粉的通知,建议消费者从正规渠道购买,并表示对于其他渠道上出现的产品,公司不能保证是正品。是真的未知,还是另有隐情,我们不得而知,如果真的未知,那我们不得不为这样一个缺乏信息敏锐度的公司感到着急。

为了承担自己的社会责任，表明自己对假冒产品的抵制，更重要的是保护自己的品牌声誉，贝因美在4月6日晚间发布声明，原文如下：

声 明

近日，我公司接到国家食品药品监督管理总局和上海市食品药品监督管理局通报，上海市公安机关查实有不法之徒假冒我公司1000克金装爱+产品（生产工厂为杭州贝因美母婴营养品有限公司），该非法行为发生在2015年4月之前。我公司在得到此信息后，立即在所有渠道及终端进行排查，未发现相关疑似产品；客服体系也未收到明显异常信息。贝因美表示，希望消费者从正规渠道购买其产品。

贝因美婴童食品股份有限公司
2016年4月6日

此外，贝因美相关负责人告诉记者，公司旗下被假冒的只有1000克"金装爱+"一种，假冒产品生产日期全部为2015年4月前，在此日期之后的产品全都不存在问题，消费者只需在购买2015年4月前生产的该款产品时留意。而且，2015年4月贝因美就在接到公安机关通知后协助进行了假冒产品排查，并未发现相关疑似产品。后知后觉的贝因美此时也同雅培一样正在极力地说服消费者避免惊慌，只需稍稍留意即好，不知此时的贝因美有没有感受到一丝警觉，为自己的未来担忧……

3.4 直面民众，平息舆论

"造假奶粉"并不是一个小事件，这是关乎婴幼儿一代的健康成长，关乎一个民族未来的大事件。政府也意识到，只是官方发文，并不能将"假奶粉事件"的来龙去脉说清楚，免不了网络和媒体的各种猜测，也消除不了消费者的恐慌。为了平息舆论，4月9日，国务院食品安全办举行了一场"通报制售冒牌奶粉案调查情况"的新闻发布会，就案例涉及的品牌、乳粉流向、冒牌乳粉是否对孩子健康有害、案件走向、对乳粉的监管办法等外界关心关注的问题进行了逐一解答。

国务院食品安全委员会督查组组长、食品药品监督管理总局食品监管二司司长马纯良在发布会上表示，目前，涉及的品牌只有雅培和贝因美两个,并表示下一步国务院食品安全委员会将协调食品药品监管、质量技术监督、公安等部门进一步加强婴幼儿配方乳粉的监管。上海市食品药品安全办主任、上海市食品药品监督管理局局长阎祖强介绍,涉案乳粉目前只销往了河南、安徽、江苏、湖北4省。

对于冒牌奶粉质量问题,发言人表示,产品符合国家标准,不存在安全风险。造假者只是从市场上购买同段位低档的"贝因美"婴幼儿配方奶粉进行灌装来仿冒"贝因美"高档婴幼儿配方奶粉获取高额利润。未发现用非婴儿配方奶粉假冒婴幼儿配方奶粉的现象,尽量减少了消费者的恐慌。

对于如何监管,发言人们纷纷献计献策,马纯良从加强生产企业监管、市场销售监管、进口乳粉监管、食品规则监管、严查违法销售等多个方面来阐述加强乳粉监管的有效措施。

贝因美比想象中表现得积极,紧随政府的步伐,再次发表声明,表明自己支持拥护国务院食品安全委员会的行为,并积极采取行动配合监管机构。声明原文如下:

声 明

国务院食品安全委员会于4月9日通报了冒牌乳粉案的进一步信息,犯罪嫌疑人购买市场上正常销售的纸盒装"贝因美"牌婴幼儿配方乳粉,装入假冒的1000克"贝因美"金装爱+婴幼儿配方乳粉罐体内销往河南、安徽两省。

我司积极拥护支持国务院食品安全办保护消费者权益、严厉打击仿冒者的决心。为保护消费者权益及保护公司品牌、响应国务院食品安全办号召,我司已成立针对两省的专项工作组,积极配合当地的监管机构检查市场。

此事不涉及我司其他系列产品,再次提醒广大消费者请从我司正规销售网点购买产品,特别注意谨慎从网上非我司官方授权店购买的贝因美产品,发现有冒牌产品和商业欺诈行为及时向有关执法机关举报。我司咨询服务热线:95105377。

贝因美婴童食品股份有限公司

2016年4月9日

4月4日至4月9日,仅仅5天时间,政府和2家受害企业频频发声6

次。雅培、贝因美希望通过自己的发声，加之政府的多方帮助能够打消人们的顾虑，让消费者继续青睐自己，使自己的声誉不致受损，不影响企业利益。但它们可能低估了消费者的恐慌心理。

4 案件告捷，"后遗症"显现

事实证明，贝因美、雅培确实错估了消费者的心理，在对待婴幼儿奶粉这样一个关乎自己下一代的问题上，消费者充分表现出了"一朝被蛇咬，十年怕井绳"及"宁可不吃，不可错吃"的心理，并在乳品市场竞争中，重重地为贝因美和雅培投上了反对的一票，于是贝因美和雅培这对难兄难弟双双遭到市场的反击。

4.1 贝因美：业绩承压，断崖式巨亏

1. 往日光彩

2008年的"三聚氰胺"事件使中国乳品行业遭遇了史无前例的信任危机，众多乳企一败涂地，翻身困难，而贝因美却在这种恶劣环境中突破重围，占据高峰，并在2013年得到7.21亿元的净利润，同比增幅高达41.54%。在洋奶粉占据国内80%以上市场份额的竞争重围中，贝因美被认为是唯一能与洋奶粉抗衡的国产奶粉品牌。

一直在奶粉方面稳打稳扎的贝因美，2014年开启"全面实施转型升级"模式，投资逾10亿元，欲打造"婴童食品第一品牌"。贝因美还将目标消费群体定位由此前的0～6岁延伸至0～12岁，实施渠道变革，与恒天然携手国际化进程。贝因美似乎能在这个竞争激烈的市场上玩得游刃有余，但其实黑云已慢慢张开怀抱，开始侵袭贝因美。

2. 今日萧条

二孩政策放开的有利环境，却无法使当时的"国产奶粉老大"贝因美高兴起来。贝因美继2011年申请上市之初环保核查不过关之后风波不断，可以说是屋漏偏逢连夜雨，董事长引咎辞职，"套现"的质疑声此起彼伏；高层人员频繁离职，管理层时常"换血"，引人注目；上海假奶粉事件使得贝因美再一次被推向了舆论的风口浪尖。这接连不断的麻烦，让它深陷

信任危机的泥沼,业绩放缓,股价大幅下跌。

贝因美的二级市场股股价从上海假奶粉案件披露后由 29.89 元暴跌至 12.14 元,累计跌幅达到 60% 左右,而此后,公司的股价处于不痛不痒阶段,维持在 10~15 元,平缓发展,这似乎也预示着自 2015 年 6 月后贝因美的经营状况惨淡不堪,并难以翻身。

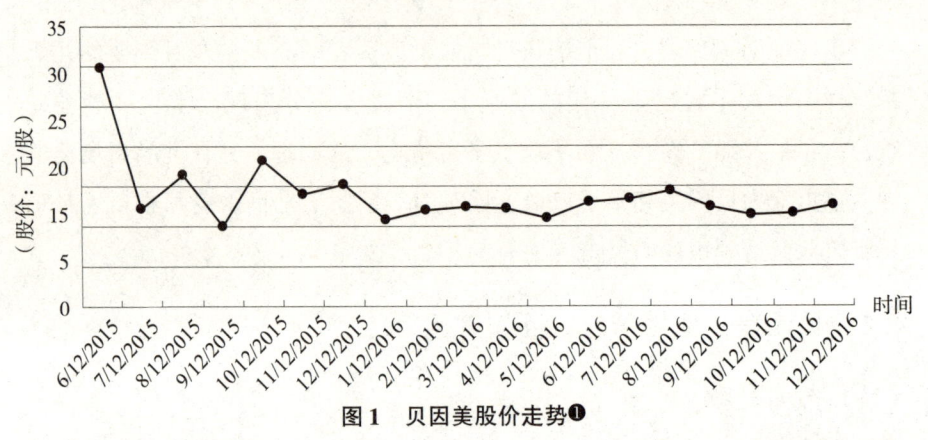

图 1　贝因美股价走势❶

而根据贝因美的财务数据,假奶粉事件对贝因美的负面效应被证实。自 2014 年 8 月造假者开始仿造贝因美奶粉以来,假奶粉的销售已严重影响了公司的收入。就营业总收入而言,2014 年及 2015 年都有所下降,且同比增长处于负增长状态,而 2016 年 4 月政府公告贝因美被仿后,其营业收入更是急速下滑,2016 年营业总收入的同比增长竟降至 -38.87%,可谓是危机逼近。另外,归属于上市公司股东的净利润在近 3 年里更是深陷泥潭,2014 年同比增长 -90.45%,也就是说 2014 年的归属净利润较 2013 年下降了近一倍,而 2016 年的归属净利润直降至 -7.98,同比增长 -869.94%。这一现象足以使贝因美成为行业的亏损巨头,贝因美这一跤确实摔得够惨。归属净利润下降如此巨大,贝因美也表示 2016 年是充满挑战的一年。此外,在其报告中,个别费用项目也呈增长趋势。一方面营业总收入在减少,另一方面各项费用在增加,贝因美的资金压力可谓雪上加霜。具体数据如图 2、图 3 所示。

---

❶ 数据来源:东方财富网。

图 2　贝因美近 2014—2016 年季度营业总收入变化趋势❶

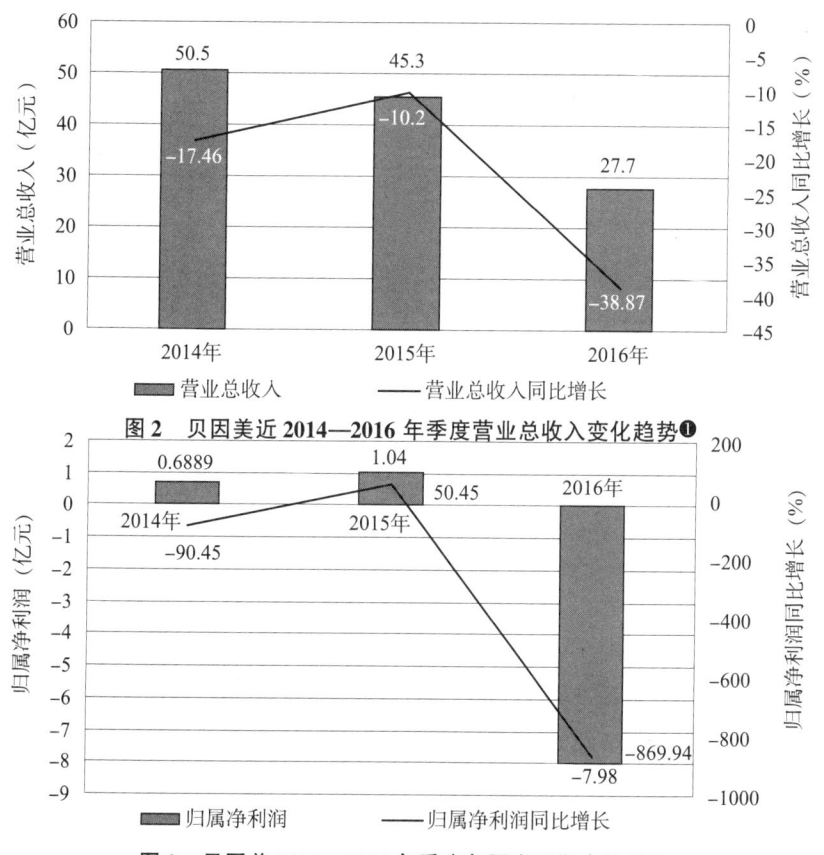

图 3　贝因美 2014—2016 年季度归属净利润变化趋势

数据背后的原因或许不仅仅是假奶粉事件，但假奶粉事件势必起到了推波助澜的作用。昔日的佼佼者，今日的受困者，面对这一系列棘手的情况，众人都为贝因美捏了一把汗，不知立志做"婴童食品第一品牌"的贝因美能否力挽狂澜，扭转局面？

4.2　雅培：损失巨大，竭力平衡

继而我们转向另一个受害者——雅培，看到贝因美的惨状，我们也同样会为雅培伤脑筋。近年来，雅培的负面新闻不断，雅培奶粉召回门事件、雅培蛆虫事件都对雅培的整体业绩有所影响，加之跨境购的热潮对其产品销量

---

❶　数据来源：巨潮资讯网（图3同）。

和价格也造成了极大的冲击,而此次"假奶粉事件"的发生,无疑对雅培更是雪上加霜。从雅培的年报中看出,雅培在2013—2016年营业收入增长速度放缓,2016年第一季度营业总收入出现巨大下滑,而此时正是假奶粉在市场上的"畅销"阶段,严重影响了雅培的正常销售。而2015年每个季度的净利润均呈不断下滑趋势,2016年第三季度的净利润竟然跌落至亏损3.29亿美元的惨状,2016年全年净利润也仅为14亿美元,同比增长 -68.35%,业绩不佳,参见图4、图5。

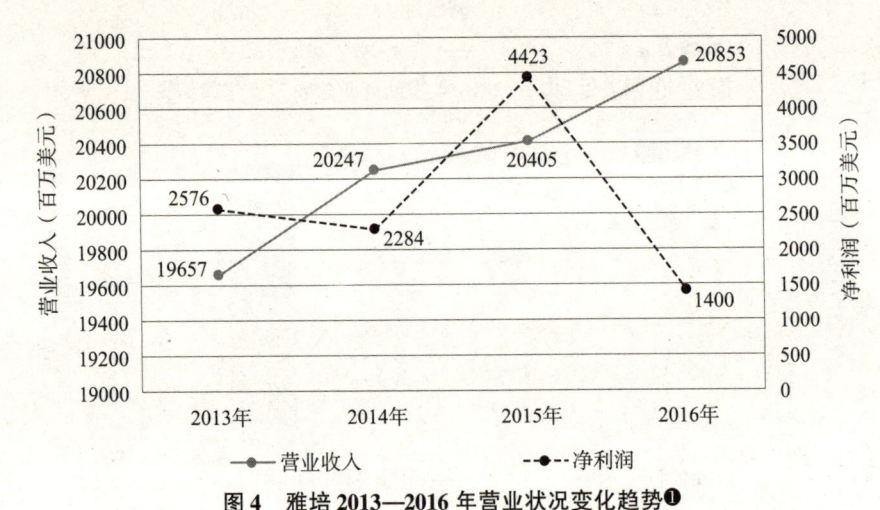

图4 雅培2013—2016年营业状况变化趋势❶

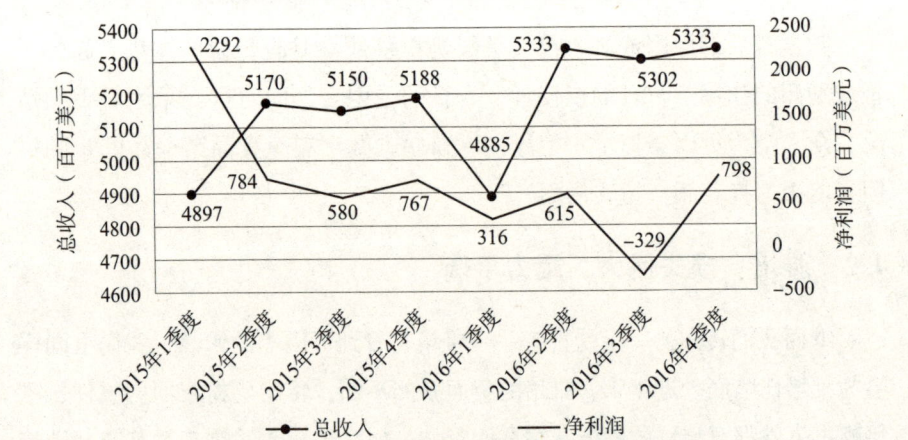

图5 雅培2015—2016年各季度营业状况变化趋势

---

❶ 数据来源:东方财富网(图5同)。

不可否认，假奶粉事件确实对雅培造成了巨大的打击，雅培能否顶住压力，继续前行，我们拭目以待。

4.3 同受委屈，结果迥异

贝因美和雅培无辜遭受这样一个大委屈，业绩受重挫，但两者的结果并不相同。贝因美遭受的损失更甚于雅培，净利润一度为负值，似乎翻身都很困难，而比较来说，雅培的损失却没有贝因美恶劣。

究其原因，可能得益于雅培产品系列多元化的优势。雅培是一家涉及医药、营养品、乳粉等产品的综合性跨国公司，可以规避单产品销售风险，稍稍减弱假奶粉事件的冲击效应。而贝因美是一个专注乳粉开发和生产的本土企业，核心产品被仿造意味着较大的风险，当风暴来临时，缺乏应对能力，只能落得断崖式巨亏的惨状。

另外，从雅培和贝因美对事件的反应速度和危机公关方式，也能看出处理方式的不同。雅培发现被仿造，迅速报案。而贝因美直到4月6日政府公布，才知自己被仿造了，虽然进行了排查并发表了两次声明，但除此之外贝因美并没有过多的解释，甚至保持沉默。贝因美的后知后觉是否会影响其应对策略的及时有效？答案应该是肯定的。而雅培的敏捷反应则有助于其减少损失，体现了一家世界500强企业所具备的危机公关意识和应变能力。

5 未抚平民心，消费者仍持疑虑

针对假奶粉事件，虽然政府部门与企业频频发声，国务院还为此召开了新闻发布会，将事件的全部真相公之于众，但是，"你家宝宝喝了'符合国家标准'的假冒雅培没？"这样的言论仍然在朋友圈泛滥。尽管大家已经了解事件的经过，还是有大部分消费者心存担忧。

5.1 真假奶粉如何辨识，怎么保证买到真奶粉？

目前市场奶粉造假的主要手段一是在奶粉中添加大量淀粉、糊精等，以降低生产成本；二是直接使用来路不明的奶粉或是过期的奶粉进行造假；三是销售上真真假假让消费者难辨，有时第一罐是真货，以后就是假货，或者一箱里只有两罐是真货等。

此次假奶粉事件背后折射出的奶粉安全隐患让购买者心惊不已，奶粉市场鱼龙混杂，消费者该何去何从，如何分辨奶粉是真是假，这可能需要政府部门加强监管和食品安全风险交流，需要食品安全专家进行广泛的科普。

5.2 奶粉造假事件频发，此次事件是否只是冰山一角？

奶粉造假现象并非今日才出现，越是知名、售价高、利润高的奶粉越容易被仿冒，雅培、美赞臣、贝因美等无不被仿冒，并且受利益驱动销售链条多有参与，导致监管难度加大。一次又一次的事件刺激着人们敏感的神经，人们不禁感叹，为什么买到让人放心的奶粉这么难？

探其究竟，为什么奶粉造假的现象屡禁不止，商贩明知犯法为何还不惜铤而走险？答案显而易见，奶粉造假再销售的过程，造假者可以轻松地以低廉的成本获取高额的利润，且在国内市场造假的技术成本也不高。在国外如果要找制罐厂生产奶粉罐，必须提供授权书制罐厂才会为其生产。而在国内市场，造假者只要把奶粉罐的版提供给国内的制罐厂，就可以生产假冒的奶粉罐。这样一来大大降低了造假者仿冒名牌奶粉的难度。那么，此次查出假冒奶粉会不会只是冰山一角？是否还有其他假冒名牌奶粉流通于市？

6 风波后的思考：政企民齐心协力，净化明天

随着假冒奶粉事件持续发酵，该问题再度触痛了公众紧绷的敏感神经，同时也反映出我国食品行业从生产、消费到监管环节中的多个痛点。

6.1 "假"从何而来

到底"假"从何而来？造假事件为何屡禁不止，食品安全事故为何频频发生？首先，政府监管漏洞不容忽视。此次假奶粉事件并非监管部门在例行检查时发现，而是由企业率先发现后举报才得以进入人们的视线。虽然

案件至今已经破获并且大部分奶粉也已经收缴，但政府监管漏洞已呈现在我们面前。权威部门加大监管力度，却忽略造假源头，未掌握产品销售动态，终究只能被造假者牵着鼻子走。其次，部分违法生产者一味追逐短期利益而铤而走险，降低成本制造假奶粉而全然不顾消费者安全；有些正规企业的质检环节形同虚设，即使发现问题也没有及时去解决。最后，消费者往往把自己当作被动的受害者或无关的旁观者，而消费者应该是食品安全的参与者与监督者，不给不法分子留下一丝可乘之机。

6.2　政府：质监不能失位，监管漏洞需完善

假奶粉事件的爆发引起公众对政府监管的强烈质疑，究竟监管漏洞应如何完善？监管部门应把监督活动贯彻落实，坚持事前、事中、事后监督，各个环节严防紧守，争取能够抓住源头，控制重点，堵住出口，不出现一个漏网之鱼，最大限度地填补监管漏洞的缺失。此外，奶粉的生产销售过程涉及原料的获取、加工、包装、运输、储藏以及销售等多个环节，每个环节都应严格把关，不遗漏任何问题，真正做到有效的安全监管。对待假冒奶粉，政府的态度应该是零容忍，出重拳去处理造假售假行为，否则受伤害的不仅是孩子们的身心健康，还有整个奶粉行业。政府应加强和完善监管制度以及法律体系，预防这样的安全事故再一次发生，让中国的孩子真正喝上放心奶！

6.3　企业：提高技术，严防被仿

为什么贝因美、雅培会被仿造？回顾"假奶粉事件"的被仿主角，仔细研究发现，两家企业均是国内知名品牌，且在乳企中可谓"人中龙凤"，年利润收益高，产销量在国内也均占据着主导地位，从公司的发展历程中我们也可以看到，两公司均较注重企业社会责任，有着良好的社会信誉，在众多奶粉企业深陷"三聚氰胺"事件、"质量门"等不良事件中时，贝因美和雅培则披荆斩棘，挺了过来，并获得了公众的信赖。市场销量好使得这两家大公司成为被仿造对象的不二之选。

被仿企业显然很无辜，我们只是兢兢业业地做好我们的事，服务群众，方便消费者，为什么就这样无辜地被仿造、被影响企业形象、被损害

利益了，左思右想错都不在我们啊！但企业给了造假者可乘之机，也提醒企业急需行动起来，从防伪到打假，给造假者一个重重的回击。

首先，从提高防伪技术做起，使造假者难以复制和仿造，从而知难而退。例如提高防伪印刷技术，外包装有防伪技术，将会极大地减少造假的机会。此外，设计简单醒目的防伪标识。防伪标识是消费者识伪的重要途径，要简单醒目，让消费者方便识伪，乐于去检验产品的真伪，并不需借助过多的辅助工具和额外费用就能准确检验。同时，企业应该配合政府，把奶粉的技术指标对监管部门进行公开，从技术层面解决监管难题。

其次，打假不容忽视。政府是打假的主力，企业也不能不履行打假的义务，企业应对自己的产品严加核查，一旦发现市场出现大量可疑产品，应该及时汇报给政府，配合政府加强监管。

6.4 消费者：谨慎消费，多方检测

多数消费者认为，在食品安全案件中应该负责任的是政府和企业，消费者只是市场中的弱者和旁观者，无可奈何也无计可施，应该受到保护。但其实不然。固然，消费者不能从源头上杜绝此种事件的发生，但消费者是消费的主体，谨慎消费，也可减少伤害。

利用追溯码识别真假奶粉。目前许多奶粉品牌均在产品外包装上印有追溯码，一般为二维码或者生产码形式。消费者只需用手机扫描或按官网提示输入追溯码，就可鉴别产品真伪，但正是这一简单的防伪工具却常常被忽略。如果商品未提供二维码，则可以登录相应品牌官网，按照页面提示输入追溯码。雅培方面最新回应，除官网查询系统外，还可以通过官方微信追溯查询奶粉信息。

查找官方渠道。许多奶粉品牌均会在官网上推出官方购买渠道链接或正规渠道信息查询。如在贝因美官网首页右下侧，设置有"网络零售商查询"和"天猫购买"链接。而淘宝网分销店也设置了查询区，只要在"立即查询"框内输入淘宝店铺完整名称就可快速查询授权真伪。

认准官方授权书。贝因美官方客服称，如果从官方指定的渠道以外购买贝因美产品，可以向商家主动索要授权书，如果没有授权书则可认定为

非正规渠道产品。此外,也可以向贝因美天猫、京东官方旗舰店客服咨询其他网络经销商的真假。

自古以来,邪不压正,政府、企业、消费者的一起努力,定会让造假者闻风丧胆,让中国的孩子喝上健康奶,让明天的太阳更灿烂。

7 事件最新进展:上海假奶粉事件开庭审理

2017年3月27日,上海市第三中级人民法院开庭审理上海特大假奶粉案,被告单位为济宁金谷制罐包装有限公司,被告人陈明江、谷传生等11人到庭受审。起诉书显示,一年多的时间内,陈明江等人共制售2.1万罐假冒"贝因美""雅培"等奶粉,销售金额达360余万元。此次公开开庭审理公诉机关认为,11名被告和1名被告单位分别犯生产、销售伪劣产品罪、销售伪劣产品罪、非法制造注册商标标识罪,应予以追究刑事责任。至此,事件终于尘埃落定。

到底事情的经过如何?据陈明江开庭审理时陈述,他们以95～98元不等的价格购入国产奥佳牌奶粉,然后罐装成贝因美奶粉,再以137元左右的价格出售。而假冒"雅培"奶粉也是由其他品牌奶粉罐装而成的。

2014年9月,陈明江通过网络联系到蔡永告,委托其制造假冒贝因美品牌的奶粉罐。蔡永告再次通过网络联系到了金谷公司,该公司为蔡永告生产了4万个假冒贝因美品牌的奶粉罐。陈明江、潘兴兵在浙江台州用国内其他品牌的奶粉进行灌装,假冒贝因美8000罐奶粉获利160多万元。

尝到甜头之后,2015年4月,陈明江等人将售假目标瞄准了雅培。他们找到一家企业先后制造假冒雅培品牌奶粉罐2万余个。在金谷公司的厂房内,这些人用国内其他品牌奶粉进行灌装,生产了1.2万余罐假冒雅培奶粉,获利169万元。假冒奶粉生产完毕,无证经营的经销商杜俊先寻找买家,由陈明江将货物直接发送给买家,买家确认货物没有问题后将货款支付给杜俊,杜俊再支付给陈明江。

如此,以次充好、用包装为假冒奶粉做嫁衣、借力无资质的经销商,造假体系就此建立,并让消费者防不胜防。但只要政府、企业、消费者行动起来,任何造假体系都是纸老虎。

第十章 东北乳企龙头辉山遭遇"黑天鹅"

摘　要：辉山乳业是一家拥有60多年历史的乳企，它倡导的自营牧场与全产业链运营模式在国内取得了骄人的业绩。辉山乳业在我国东北地区占据了超过20%的市场份额，是东北市场上首屈一指的乳企龙头。然而，一场"黑天鹅"事件，让辉山遭遇了前所未有的打击。本案例描述了辉山这次"黑天鹅"事件的来龙去脉，试图解析事件的成因，分析辉山、地方政府、债权人和金融机构等利益相关方的应对措施及事件产生的影响。辉山如何挽救危机，重塑资本市场和消费者市场的信心，值得我们关注。

关键词：辉山乳业；浑水；债务；做空

第十章

东北乳企龙头辉山遭遇"黑天鹅"

1 深耕东北,布局全国

辉山乳业总部位于风景秀丽的沈阳市辉山风景区,其前身为沈阳乳业有限责任公司,有着从1951年开始的60余年乳业经营历史。国企私有化改革后,由当时的沈阳乳业有限责任公司总经理杨凯于2009年创立了辽宁辉山控股(集团)有限公司。2013年9月27日,辉山赴港上市,发行首日市值接近400亿港元,跻身中国乳企境外上市的三甲,开启了辉山重资产扩张的模式。

2014年11月,辉山乳业发布公告称,与综艺集团旗下公司Alpha Spring成立一家合营企业,并在江苏省盐城市设立一条涵盖饲料种植、奶牛养殖、乳品加工销售及营销乳制品的全产业链,以分销消费乳制品至华东市场,其中注册资本为10亿元,辉山乳业持股65%。

在国内乳企普遍艰难的情况下,辉山乳业过去3年先后涉足沼气、光伏等新能源业务。2015年9月,辉山乳业发布公告,以8320万元人民币(相当于1.12亿港元)向控股股东杨凯及其儿子收购可再生能源公司全部股权,用作生产压缩天然气及副产品有机肥料。其在公告中表示,可再生能源公司将发展成为集团一个主要收入、收益来源和增长因素,继而成为集团的主要业务。计划在未来的2年内扩大可再生能源集团的规模,迅速扩建10座可再生能源设施生产可再生能源,致力于成为中国最大的可再生能源公司和有机肥料生产商。

奶源是乳品质量安全的命脉,在这一点上,辉山是非常具有先见之明的,辉山坚持全产业链发展与自营牧场的模式,凭借北纬40度附近的黄金奶源带与黄金牧草带的自然优势,一座座自营牧场迅速发展了起来。

依托自营牧场的独特优势,辉山将乳品安全做到了国内前列。辉山乳业执行的出厂标准是生鲜乳菌落总数每毫升5万个以下,体细胞数每毫升20万个以下,乳蛋白率达到3.2%,远远高于欧美及国家标准,这也一直是辉山引以为傲的。2008年,国内乳企"三聚氰胺"事件爆发,各大国内知名乳企因质量安全问题受到消费者市场的严格考问,而辉山的液态奶产品在国家各个批次的抽检中均未发现任何问题。时任辉山乳业高级副总裁、沈阳乳业有限责任公司副总经理的徐广义就曾表示:"在这次全行业的危机中,是自营牧场救了辉山乳业。"

但几乎无人能想到,8年之后,知名做空机构浑水公司却以"自营牧场"为突破口,向辉山乳业扣动了扳机。

2 黑云压城,风雨欲来:大战浑水

2.1 第一回合:自营牧场遭质疑

2016年12月16日,美国做空机构浑水发布了一篇针对中国辉山乳业的分析报告。在这份长达47页的报告里,浑水指出辉山乳业至少从2014年开始发布虚假财务报表,夸大其资产价值,事实上负债颇多,该公司估值实际接近零。浑水报告中质疑辉山长期从第三方购买大量苜蓿,却谎称苜蓿饲料基本上自给自足,存在财务欺诈行为,利润造假。

浑水还找出了辉山在牧场建设支出方面的作假嫌疑。辉山的招股说明书表示单个牧场建设支出为4520万元,而辽宁公开的环境影响报告中显示辉山单个牧场建设投资额为9000万元左右。另外,辉山子公司兴建奶牛场的招标文件显示工程估价大约为3500万元。这些意味着辉山夸大了牧场建设的支出。

这一重磅消息导致辉山乳业当日上午紧急停牌,并于当晚发布澄清报告,对浑水报告进行逐条批驳,否认了浑水的一系列指控,并宣称保留采取法律措施的权利。

辉山乳业公告回应称,2013/2014财年、2014/2015财年及2015/2016财年,辉山苜蓿草产量分别达到14万吨、13.4万吨及8.5万吨(另有燕麦产量7.9万吨,燕麦与苜蓿草可替代),3个财年共计产量35.9万吨。由于苜蓿草于6月份开始收割,辉山于3个财年内每年外购苜蓿草1万吨以弥补收割前所需的消耗量,此外购量的占比为4.3%~9.2%。辉山也否认了浑水提出的美国一家公司为其牧草供应商的说法:"过往3个财政年度从未自 Anderson & Grain Company 采购苜蓿草。"

针对"牧场涉嫌资本支出虚报"的指控，辉山认为是浑水的计算方法有问题。项目建成之前，需要支付预付款与保证金以保证工程的质量与进度，而浑水报告有意无视先前支付的保证金与预付款。

2.2 接踵而至：浑水再度出击

时隔三日，2016 年 12 月 19 日，浑水再度出击，在官网挂出第 2 份调查报告，进一步指责辉山乳业在收入上有欺诈嫌疑。浑水声称，从国家税务总局的增值税数据可以看出辉山乳业的报告中存在大量收入数据造假。在浑水的测算下，辉山下属的 4 家子公司，即辽宁辉山乳业集团有限公司、辉山乳业（沈阳）销售有限公司、辉山乳业（锦州）销售有限公司及辽宁辉记良品商贸有限公司，在 2015 年总销售额为 23.53 亿元，比辉山公布的调整后收入缩水 29.4%，比上报国家工商管理总局的数据要低 36.2%。

随即，辉山乳业也于当日再度发布澄清报告，对浑水进行回击。辉山乳业回应称，公司已经核实国家税务总局官方数据，通过登录国家税务总局官方所得税汇算清缴申报电子系统，查询结果显示，辉山乳业下属 4 家子公司，即辽宁辉山乳业集团有限公司、辉山乳业（沈阳）销售有限公司、辉山乳业（锦州）销售有限公司及辽宁辉记良品商贸有限公司，于 2015 年在系统中的申报确认收入分别为 10.02 亿元、21.98 亿元、4.77 亿元和 0.084 亿元，合计销售收入 36.85 亿元人民币。这些数据与同年在国家工商总局备案的数据完全一致，这与浑水报告中提及的数据是相悖的，而在国家工商总局备案的数据是不需要内部交易抵消的。

在浑水与辉山乳业的做空与反做空战中，辉山乳业的股价一直较为稳定。在 2016 年 12 月 19 日辉山乳业复牌当天，股价甚至小幅上涨，此后也一直处于窄幅震荡中。事实上，在双方的交锋中，辉山乳业控股股东曾通过冠丰公司两度增持，分别增持近 2500 万股和 2100 万股，冠丰公司由杨凯、葛坤夫妻一致行动人全资所有。目前，他们持有辉山乳业 73.21% 的股权。

3 危机袭来,措手不及

3.1 股市暴跌

2017年3月20日,辉山乳业集团突然通知各银行,称因公司副总裁葛坤突发疾病,资金无法及时调度,不能按时偿还部分银行利息,引发部分银行试图抽贷。

2017年3月24日上午11点,辉山乳业的股票突然出现了空前的大跌。当日盘中,股价由2.81港元跌至0.25港元,短短十几分钟里跌幅便超过了90%,创下了港股最大的当日跌幅纪录。股价跳水之后,辉山方面紧急停牌。至午盘收盘时分,股价略微回拉至0.42港元,收盘跌幅达到了85%。仅仅一个半小时的时间,辉山乳业市值仅剩56亿港元,凭空蒸发了320亿港元的资产,参见图1。

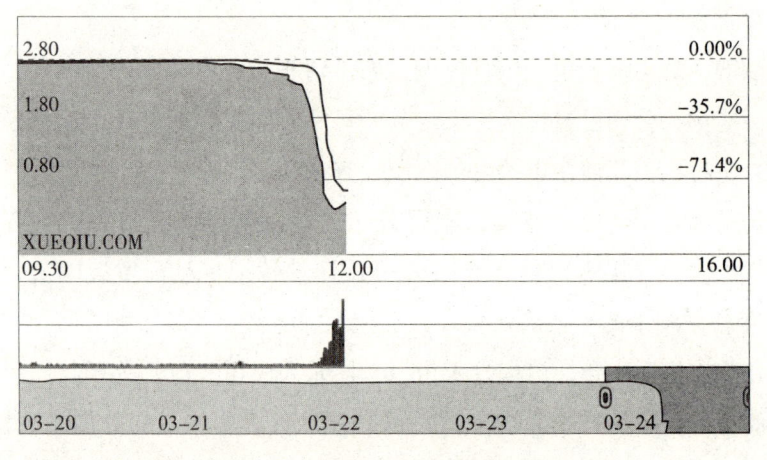

图1 辉山当日股价下跌(2017年3月24日)

据阿思达克沪深港分析平台提供的沽空数据显示,24日辉山乳业的沽空股数高达2000万股,沽空金额超过5000万港元,成交金额4.5亿港元,相比上一日百万级的成交金额可谓暴增数倍。重要的是,辉山乳业不仅是MSCI中国指数成分股,还是沪港通交易标的。甚至在股价下跌的6天前,辉山乳业还刚刚通过优质乳工程验收,成为国内第4家优质乳认证企业。

3.2 离奇崩盘，众说纷纭

资本市场对辉山乳业这次大跌的原因众说纷纭，主要有两种观点：第一，在浑水于 2016 年 12 月分 2 次发布了辉山的做空报告之后，引发了各家银行派遣审计组前去调查，其中，中国银行发现辉山乳业存在单据造假的现象；第二，辉山的控股股东杨凯挪用辉山账上资金 30 亿元于房地产炒作，导致资金无法回收。这些消息均不能得到证实。但 2017 年 3 月 23 日召开辉山乳业债权相关银行的工作会议信息的"流出"，很可能是辉山股价隔日暴跌的一大导火索。

不过，浑水的观点认为辉山的股价已经被人为操作达到一年之久，辉山乳业本身作为多头方进行股票的买入，来抗衡空头力量，稳定股价。浑水发布做空报告的后几天里，杨凯及其一致行动人纷纷增持了公司股票。大跌前的银行抽贷消息表明了辉山资金短缺。正是由此，市场上多头力量消失，空头方则大显身手，导致了辉山股价的巨额下跌。

大跌发生的 4 天后，即 2017 年 3 月 28 日，辉山乳业发布了官方公告。公告中否认了其控股股东杨凯挪用账上资金进行房地产炒作的谣言，否认发生单据造假的事件，并且证明中国银行未曾对其进行审计调查。但承认了 3 月 23 日与 23 家银行债权人召开的沟通会议，讨论 2017 年融资计划以及向债权人寻求 2017 年贷款按正常方式续贷，融资金额大约为 150 亿元人民币。

3.3 债台高筑，殃及池鱼

乳业专家宋亮提及，辉山的资金链危机是布局上游乳企的一个缩影，前期过高成本的投入，而营业收入和毛利较低、市场份额占比小，最终导致的就是资金链的紧张。辉山的财报统计显示，自 2013 年至 2016 年 9 月的三年半时间内，通过银行贷款及其他借款所得款项为 280.54 亿元，首次公开发售融资 61.69 亿元，扣除还款金额 150.5 亿元，三年半中累计净融资超 190 亿元。

然而，通过购买物业、厂房及设备付款（修建建筑物）共计花费 59 亿元；租赁预付款项（买地）44 亿元、饲养犊牛及育成牛付款（买牛）

39 亿元；付利息及赎回自身股份 36 亿元，其他 17 亿元（以上项目合计 196 亿元），截至 2016 年 9 月，辉山乳业此前融资已经耗尽。

融资活动	新增银行贷款及其他借款所得款项	银行贷款及其他借款还款	首次公开发售股票所得款项	合计
2016.4—2016.6	78.31	47.1		
2015.3—2016.3	89.75	43.27		
2014.3—2015.3	55.25	36.13		
2013.3—2014.3	57.2	25.05	61.69	
合计	280.54	150.55	61.69	191.68

资料来源：各年度合并现金流量表　单位：亿元（人民币）。

投资活动	购买物业厂房及设备付款	租赁预付款项	饲养犊牛及育成牛付款
2016.4—2016.9	3.70	0.29	6.43
2015.3—2016.3	11.79	5.18	12.17
2014.3—2015.3	27.10	12.20	12.11
2013.3—2014.3	16.71	26.23	8.48
合计	59.30	43.90	39.19

资料来源：各年度合并现金流量表，单位：亿元（人民币）。

	2016.4—2016.9	2015.3—2016.3	2014.3—2015.3	2013.3—2014.3	合计
已付利息	3.67	5.12	4.9	2.63	16.32
赎回自身股份付款	0.67	16.29	1.12	1.69	19.77
合计					36.09

资料来源：各年度合并现金流量表，单位：亿元（人民币）。

2017 年 3 月 23 日下午 2 点，辽宁省金融办召开辉山乳业债权工作会议，出手金融维稳。据债权行人士透露，参会的债权机构实际多达 70 余家。会上，辉山乳业实际控制人、董事长杨凯承认，公司资金链断裂，但公司将出让部分股权引入战略投资者，通过重组在一个月之内筹资 150 亿元，解决资金问题。随后一份多达 23 家银行参加的金融维稳会议名单流出。从会议内容看，政府、商业银行、小贷公司正在合力"营救"辉山乳业。参会团体包括沈阳市市政府、辽宁银监局、辽宁银行业协会、各银行和辉山乳业集团。出席的银行包括辽宁省开发银行、进出口银行、工商银行、农业银行、中国银行、交通银行等23家银行。

23日曝出的辉山的债务结构如表1所示。

表1 辉山被曝出的负债数据表

银行类金融机构	平安银行	21.42亿元
	中国银行	33.4亿元
	工商银行	22.1亿元
	吉林九台农商银行	18.3亿元
	招商银行	2.78亿元
	农业银行	2.43亿元
非银行类金融机构	中建投租赁（天津）有限公司	3亿元
	广东省盈华融资租赁	15.5亿元
P2P平台	红岭创投	5000万元

表1中仅仅列出了部分债权人名单，而辉山总共涉及70多家债权人。2016年9月30日的季报表明，辉山乳业的现金及现金等价物余额为82亿元，但是辉山乳业的负债中，一年内到期的短期借款金额为111亿元，其中银行短期贷款108亿元，来自其他方面的短期借款3亿元，相较于2016年3月底的71.3亿元，增加了超过39亿元的短期借款。而借款利率最低2.31%，最高达到了8.88%。一年以上到期的长期借款剩余额为50亿元。

3.4 祸不单行，港交所勒令停牌

2017年5月8日，香港联交所发出公告，表示证券及期货事务监察委员会已发出指令，要求辉山乳业自2017年5月8日上午9时起暂停买卖。与3月24日辉山因股价变动申请停牌不同，此次辉山是遭香港证监会依据相关法律法规勒令停牌。辉山的债务问题与财务造假问题已经被香港证监会所重视。与此同时，恒生指数公司也表示，由于监管机构指令香港联交所停止辉山乳业的买卖，辉山乳业将从恒生系列指数中剔除。这意味着，沪港通、深港通也将不再是恒生综合大中型股指数及恒生综合中小型股指数成份股的辉山乳业调出港股通标的名单。投资者不得通过沪港通与深港通买入辉山股票，但允许卖出辉山股票。

3.5 内外交困，资产冻结，高管离职

辉山的债务问题持续发酵，已经引发了多家金融机构进行抽贷。香港上海汇丰银行来函，指控辉山在其处债务违约，其美元批次本金金额达到了1.8亿美元，港元批次为1.56亿港元。歌斐资产也向上海法院申请冻结辉山乳业资产。法院方面裁定冻结资产额已经达到了5.46亿元人民币。

与此同时，辉山内部也发生着惊人的变故。公司秘书周晓思辞职，执行董事苏永海、郭学研，独立董事宋昆冈、顾瑞霞、徐奇鹏、简裕良等董事会成员均辞任。辞任后，辉山董事会仅剩下董事长杨凯与其夫人葛坤，而葛坤女士仍然处于失去联络的状态。

3.6 负重之下的融资手段

作为一家乳企，奶牛是公司的一大资产，辉山曾尝试将奶牛作为抵押物。2016年4月，辉山与广东粤信签订了融资租赁协议，向后者出售5万头奶牛，总价值大约10亿元，然后由广东粤信将奶牛回租给辉山继续使用。2016年11月，辉山表示此计划失败。然而从此事件中，辉山看到了新的融资办法。同月，辉山在深圳注册了辉山（深圳）融资租赁有限公司、辉山（深圳）商业保理有限公司，然后与生化租赁公司签订了融资租赁协议，以评估值15.54亿元的租赁资产，作价7.5亿元向盛华融资。

2016年6月，辉山发布了融资创新方式。辉山与浙江互联网金融资产交易中心股份有限公司合作，以向个人销售WMP的方式筹集短期资金，期限183天，年利率7.2%。

以辉山乳业股权作为质押进行的杠杆融资也成为辉山的一大融资模式。2015年，杨凯控制下的冠丰有限公司将其持有的34.34亿股辉山股票质押给平安银行以获取总额24亿港元的2年期贷款。这批质押股份占到了辉山已发行股本的25.48%。香港交易所的中央结算以及自动结算系统也包含辉山质押股票的信息。

辉山乳业披露其融资成本在2014年至2017年增加了3倍之多。2014年仅为2.057亿元，2005年为3.228亿元，2016年暴增至6.81亿元。辉山虽未解释增加的原因，却显示出辉山乳业的债务融资额逐年加大并且银

行对其的信任也在降低，参见图 2。

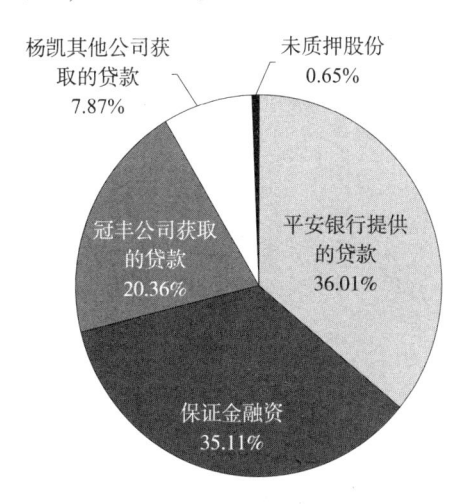

图 2　辉山股份质押去向

- 杨凯其他公司获取的贷款 7.87%
- 未质押股份 0.65%
- 冠丰公司获取的贷款 20.36%
- 平安银行提供的贷款 36.01%
- 保证金融资 35.11%

4　虎落平阳，辉山何去何从

4.1　困境挣扎，政府出面

辉山乳业的掌门人杨凯是乳制品行业唯一进入"胡润百富榜"的企业家，位列 66 位，身家 260 亿元，是辽宁公认的"首富"。在此次困局中，他并未坐以待毙。辉山乳业的大量银行贷款受到了每年续贷的限制，而资金与债务问题需要得到立即解决。于是，杨凯向辽宁省省政府请求帮助。

在省政府的协助下，中国银行、吉林九台山农村商业银行及浙商银行表示将继续对辉山乳业保持信心，为其提供正常的续贷。省政府建议辉山采取措施，要求其出让部分股权以获得足够资金，使流动的利息可于 2 周内支付，并且在 4 周内解决资金流动性不足的问题。政府将出资 9000 万元购买辉山的一块土地为其注资，并且要求各金融机构将辉山的此次欠息作为特例，不上征信不保全不诉讼。辉山要以维稳为目的成立债权委员会，由最大债权人担任主席。省金融办将协调社会各类资金方进行协助。

辉山方面也将出让部分股权引入战略投资者，通过公司的重组来进行筹资，总额达 150 亿元，以解决此次债务危机。并且，辉山董事长杨凯表示会通过定向增发新股的方式将自己在上市公司的 75% 股权稀释到 51%。"如果能够解决资金链问题，辉山还是有希望逃过一劫"，而解决问题的关键就在这次出让股权带来的融资。

4.2 谁会是接盘者

目前和辉山拥有着密切关系，且具有收购能力的公司有荷兰皇家菲仕兰公司。2016 年荷兰合作银行发布的世界乳业排名中，荷兰菲仕兰公司排名第 6，年收入达到了 123 亿美元。对于接盘辉山的问题，皇家菲仕兰的回答是模糊的，他们表示关注事态的发展，若有需要则会采取合适的行动。不过菲仕兰公司不一定是"白衣骑士"，他们更有可能在等待辉山的资产处置，借此来获得大量收益。

伊利与辉山则存在着一段"来往"的历史。2013 年 9 月 9 日，伊利国际发展以 2.67 港元/股的价格认购了辉山乳业145202000股普通股股份，占辉山总股本的 1.08%。不过，伊利称此次交易是鉴于公司整体战略规划和业务发展需要，对公司的持续经营能力和财务状况不产生重大影响，并且已与瀛德控股对所持有的辉山股票签订了转出协议。

中粮集团——世界五百强企业、国内最大的全产业链粮油食品企业、持股 23.92% 的蒙牛第一大股东，也表现出有意洽购辉山乳业的股份。中粮集团可能的收购手段是用蒙牛的名义购买股份。

4.3 一线生机，源于消费者的信任

虽然辉山乳品的品质得到了国家质检部门和消费者的信赖，然而，这次的股价危机与资金链危局是否对辉山造成了致命影响？

从消费市场来看，辉山乳业在沈阳市区内的 30 多家奶站，终端市场乳品供应一切正常，价格也没有出现变化。在消费者眼里，辉山依旧是值得信赖的："只要辉山还在沈阳，牛奶不出问题，还会继续购买其产品。"

辉山的养牛场和加工厂也在正常运转，员工情绪稳定。辉山的危机对基础的生产并没有造成较大的影响。辉山是东北区域最大的乳企之一，在多年的全产业链建设中，打下了良好的基础。消费者、员工均对辉山保持

着较大的信任，而这样的状况也正是债权人与投资者愿意看到的。

同时，资深乳业分析师宋亮对辉山的信心也很充足，此前他曾参观过辉山乳业的生产情况，并走访过其多个牧场和种植基地，认为整体情况良好，浑水报告中反映的情况并不属实，但也不排除新的传言之下，投资者信心丧失，从而引发恐慌性的抛售。在经历了2014—2016年3年的乳业周期起伏之后，国内乳企和养殖业相对内虚，碰到这样的局面对企业而言无疑是雪上加霜。做空机构可能会从辉山乳业的暴跌中获得巨额收益，但希望这一风波不会影响到辉山乳业的市场和企业生存。

目前来看，辉山面临的主要问题是资金链的突然崩断，而生产与销售方面仍然是一片平静，如果辉山的融资自救及时，企业的压力将会得到很大的缓解。

5　尾声

无论是资本的趋利性，还是人性中的急功近利在作祟，相较于房地产、互联网、金融等行业，实体企业对资本的吸引力有限。因此，参与到资本市场的实体企业家的头上始终悬着一把达摩克利斯之剑，既能伤人，亦能伤己。

很多实体企业，主业经营还没有做出业绩就开始投资金融市场和房地产，打着"多元化"发展的旗号忙着圈钱。实体企业做大做强没有捷径，唯有深耕务实，以脚踏实地做支撑。

类似事件中，辉山乳业不是第一个，也不会是最后一个。此次事件涉及80多家公司和4万多名员工，辽宁省省政府出手救市虽然无可厚非，但救与不救既要体现态度和意愿，更要体现智慧。希望事件能尽快回归到法治化、市场化轨道，圆满解决，重拾市场对企业的信心，也重拾投资者对辽宁乃至东北的信心。